知識ゼロからの

勉強術

北橋隆史

Takashi Kitahashi

幻冬舎

はじめに

有名大学に進学し、大企業に就職する。これが一昔前まで、もてはやされてきた成功者の人生設計だろう。しかし、この夢のようなレールも、もはや崩れつつある。

2008年のリーマンショックが引き起こした金融危機は、会社のあり方を大きく変えたといっていい。中小企業はもとより、大企業でも、思い切った改革と人員削減を余儀なくされている。今や、会社に入ったからといって安泰なレールは用意されていない。

そんな厳しい時代の中で、社会に必要とされる人材であり続けるには、どうすればいいのか。一言でいってしまえば、それは現状に満足することなく、常に自己研鑽を続けることだろう。そのためにも、学生のとき以上の勉強が求められる。とはいえ、日々仕事に追われ、家と会社を往復するだけの毎日。自分のための時間がとれない……、そんなため息交じりの声が、ビジネスマンたちのあいだから聞こえてくるのも事実である。確かに、仕事と勉強の両立は簡単ではない。

しかし、仕事と勉強とを両立させてきたビジネスマンは、人生の分岐点で必ず飛躍する。実際に、勉強の一つである読書を例に挙げると、読書量と世帯収入は正比例することが明らかとなっている。また、書籍購入の支出が高い人と低い人では、最大2倍もの収入格差が生まれていると日本経済新聞が報じているのだ。

おそらくあなた自身、キャリアアップを図りたい、自分のこれからを見つめ直したいと考え、この本を手にしているのだと思う。そして、ここには何をどう勉強すればよいのか、その具体的な事例が示されている。この先に、どんなレールを敷くかは、あなた次第だ。本書がそのレールを照らす一助となれば、幸いである。

北橋隆史

知識ゼロからの勉強術　目次

第1章 仕事と両立できるタイムマネジメント

第2章 最速で知識をつかむ情報収集法

第4章　合格を一気に引き寄せる試験マニュアル

第5章 やる気を生み出す自己チューニング法

社会人にとっての勉強とは?

俺の名前は渡辺健一
しがないサラリーマンだ
毎日業務に追われ
定時に上がれた
ためしがない
そして残業のあとは飲んで帰って寝る
そんな代わり映えのしない日常を送っている
居酒屋

勉強は収入増とキャリアアップに繋がる

近年、キャリアアップのため、将来のため、そして自分自身を磨くための「社会人の勉強」が注目を集めている。

とはいえ、実際のビジネスマンを顧みると、仕事に追われる日々の中、業務をこなしていくことばかりに気をとられ、勉強をする余裕などないと嘆く人が大半だ。

しかし、そんな状況の中でも、周囲から「デキる」と認められている人ほど、若いうちから勉強を習慣化している傾向がある。事実、

毎日毎日
飲んで帰って
今のあなた
カッコ悪いわ!
ショックだった
彼女の言葉は
まさに核心を
ついていたからだ
そして
その一言に
目が覚める
思いがした
会社に入った頃に
話していた夢は
どうしたの?
このまま 敷かれた
レールの上をただ進む
だけの人生で満足?
そうだ 俺は
俺は海外勤務を
夢見ていたんだ

「デキる」人とそのほかのビジネスマンでは、最大2倍程度の収入格差が、形となってあらわれているという統計もある。

ビジョンを明確にすることが成功への鍵となる

こうした事実もあり、若手ビジネスマンのあいだでも、漠然と勉強をしたいと考えている人は、増加の傾向にあるようだ。

だが、学業こそが本分である学生時代と違い、仕事を抱える社会人が、同じような勉強法をとるのは、現実的でない。

では、社会人の勉強にとって必要なのは何か? その答えの一つが「目標を明確にすること」だ。

まずは、将来のビジョンを強く

それから　俺は心を入れ替えた
夢をつかむために必死で勉強した
――そして2年後……
俺は今　ニューヨークで人生の再スタートを切っている……

イメージする。「来年あたりにTOEICで900点くらい取れたらいいな」という曖昧さでは、ぬるい。「来春に900点台に乗せて、ニューヨーク支社で働く」。これくらいはっきりさせたい。

社会人のための学習法でノルマをこなせ

目標さえ定まれば、そこに到達するための計画も立てやすい。その上、成功イメージは何よりモチベーションアップに繋がる。

あとは、本書で紹介している「効率的に勉強を進めていくためのノウハウ」を実行し、目標達成までのノルマを、確実にこなしていくのだ。未来へ向かっての第一歩を、本書で踏み出してほしい。

Chapter 1

第1章
仕事と両立できるタイムマネジメント

STEP 01

うまい時間の使い方①

通勤時間の電車を書斎代わりにする

●各駅停車なら座れる確率もアップする。

日々仕事に忙殺されている社会人にとって、勉強時間を捻出するのは簡単ではない。それゆえ、キャリアアップのための資格取得への挑戦をためらっている人も少なくないようだ。しかし、本当に時間はないのだろうか?

じつは、それは思い込みにすぎない。朝の通勤時間という貴重な勉強時間を見逃している。通勤電車も工夫次第で、自宅の書斎に匹敵する学習部屋となるのだ。

まず、勉強に快適な環境とするためにも、満員電車を使うのはNG。多少眠くても30分早起きし、空いている各駅停車を利用する。

このとき、ホーム上での待ち時間が長くなったとしても、座席は必ず確保すること。

身動きのとれない混雑した車内では、テキストの一つも取り出せないし、立ちっぱなしでは、メモやノートをとるのにも不便極まりない。

この時間を利用して英単語を覚えたり、ビジネス書や自己啓発本を読んだりすれば、通勤電車がそのまま勉強空間に生まれ変わる。

混雑した快速電車なら疲れるだけの30分だが、各駅停車の1時間は何よりも有意義だ。

自宅の机だけが勉強する空間ではないということに気づくべきである。

通勤に各駅停車を使う

時間短縮のために、各駅停車を敬遠してはいないだろうか !?

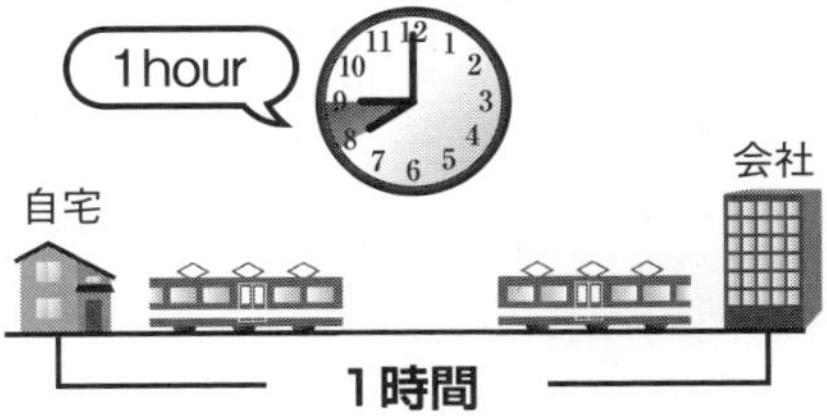
1hour
自宅
会社
1時間

1週間なら×5日＝5時間

これを1ヶ月(20日間)続ければ、20時間の勉強時間が確保できる!!

POINT

座って乗車すれば勉強時間になるけれど、たとえ各駅停車でも、立ちっぱなしの1時間はムダ!

朝の車内に適した勉強法

車内でできることは想像以上に多くある。

①問題集を解く

乗車時間という制限を活かし、過去問題集を時間内に解く。すると時間感覚を養うことができる。

②ビジネス書を1冊読む

必要な箇所とそうでない箇所で読み込みのレベルに強弱をつけ、1冊読み切る。

(→P32 参照)

③耳学習をする

ポータブルプレイヤーで講座や英語のプログラムを流し、耳を使って勉強する。

(→P14 参照)

よし、今度はこのテキストに挑戦しよう

STEP 02 うまい時間の使い方② 講座や講義をオーディオブックで耳学習する

▶ オーディオブックの4つのメリット

耳学習には耳学習ならではのメリットも多い。

勉強時間をとりやすい！
手や目を使う必要がないため、移動中や食事中など、何かをしながら効率よく勉強できる。

集中力を持続できる！
一般の読書は30分程度で集中力が切れるが、「ながら聴き」なら数時間は集中して聴ける。

記憶に定着させやすい！
音声情報は、脳に直接働きかけるため、インプットしやすい。

英語学習に効果アリ！
何度も繰り返し聴くことで正確な発音が耳に残り、リスニング力がアップする。

⬇

机に向かう時間がとれない人にはとくにオススメの勉強法といえる！

ヒロメモ　ポッドキャストを使いこなせ！

エンターテイメントから大学の講義までさまざまなコンテンツを無料でダウンロードできるサービス。東京大学提供の「UT オープンコースウェア」はとくにオススメ。
http://ocw.u-tokyo.ac.jp/

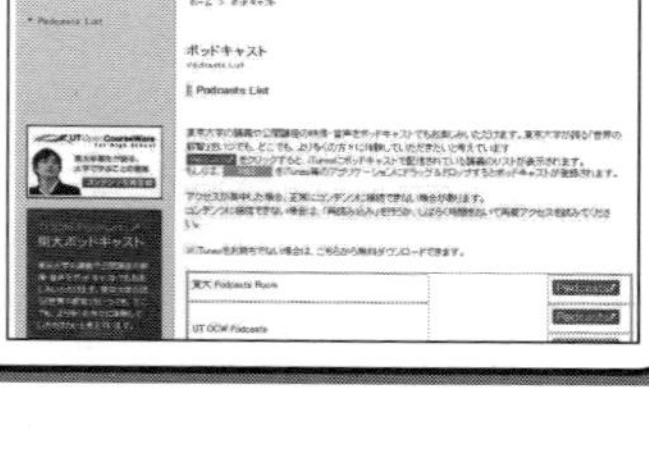

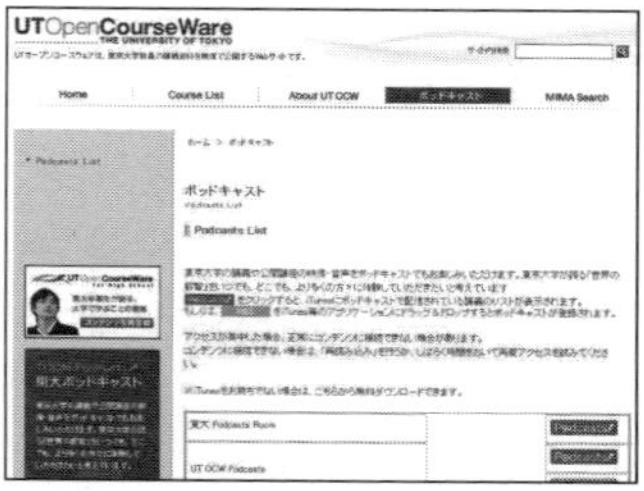

オーディオブック
などに使える
ポータブルプレイヤー
はじつに便利だ
自宅のパソコンで
各サイトからダウンロード
すればすぐ使える
コンテンツも豊富だし
忙しいビジネスマンに最適だな

POINT

移動時間など、無駄にしがちなスキマ時間を有効活用できるアイテムが、オーディオブックよ！

自分を高めるために講座や講義を聴講したくとも、忙しいビジネスマンには毎回の出席は難しい。そこで活用したいのがオーディオブックだ。

これは、語学教材や小説、セミナーなどの内容を録音したもので、音楽以外の聴くコンテンツの総称である。

オーディオブックの最大のメリットは、「ながら勉強」ができる点だ。朝の支度をしながらの10分や、取引先への移動中の30分など、何かをしながら聴けるため、時間を有効に使える。また、本を読むのに比べ、聴くという行為は集中力が長い時間続く。さらに、音声は人間の潜在意識に働きかけるため、気づきも多くなる。

STEP 03

うまい時間の使い方③

タイムプレッシャーで脳を遊ばせない

ふう！
終わった
なんとか
間に合った
みたいだ

●余裕を持たせないことが集中力を高めるコツだ。

制限時間なし＝ 時間的な余裕が精神的にも余裕を持たせ、ダラケさせる。

制限時間あり＝ 締め切り時間に間に合わせようと必死になり、集中力が増す。

↓

制限時間を設けて自分を追い込むと、集中力が高まる上、クオリティもアップする!

勉強の効果をよりアップさせるには、ダラダラ続けるよりも、タイムプレッシャー（締め切り時間）を設けた方が効率がよい。

たとえば「この問題をいつまでに終える」という形で、制限時間を設定しておく。すると、脳に締め切りという負荷がかかり、通常より集中して課題に取り組むのだ。

締め切りの目安は、自分の作業スピードを把握しておき、そこから10〜15分短縮した時間がベスト。

これは勉強だけでなく仕事にも応用できる。通常30分かかる企画書も、20分で完成させようとすれば、集中力が高まり、クオリティもアップする。

時間の感覚を体に刻みつける！

まずは時間の感覚をつかむことから始めよう。

CASE 1

タイマーを使う

課題に取り組む前に、タイマーをセット。制限時間を設けることで時間内に解き切る感覚を刷り込む。

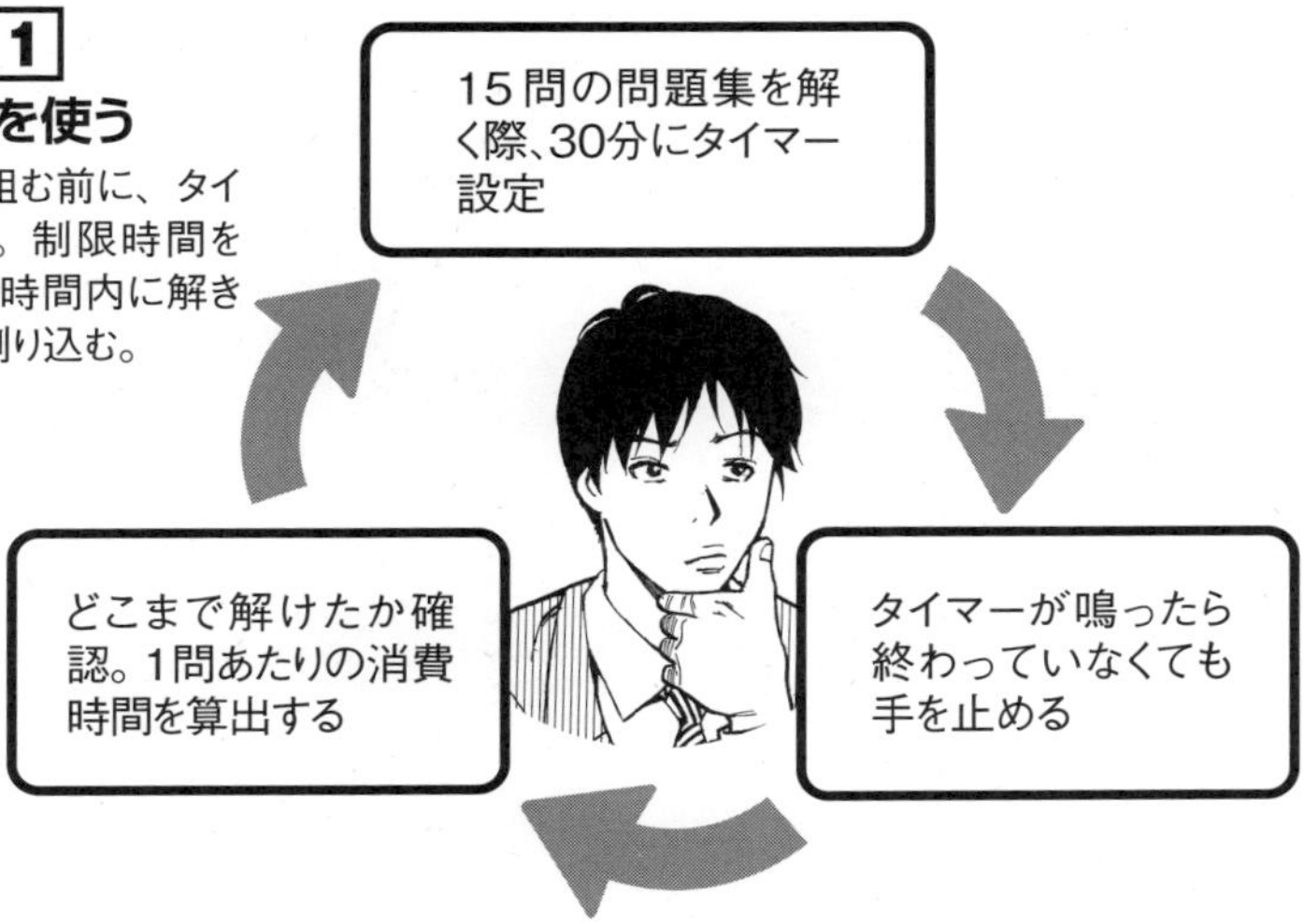
15問の問題集を解く際、30分にタイマー設定
タイマーが鳴ったら終わっていなくても手を止める
どこまで解けたか確認。1問あたりの消費時間を算出する

CASE 2

タスクを分割する

タスクを分割し、時間ごとに進捗状況を確認。最後に帳尻が合うように終わらせる。

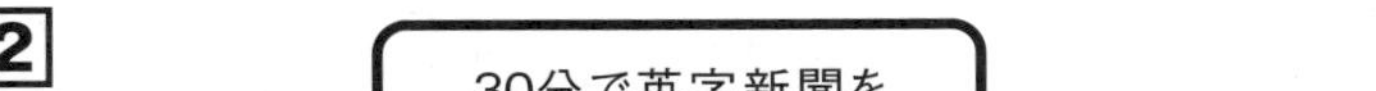
30分で英字新聞をすべて読み切るよう設定
10分経過した時点で、3分の1読めたか確認する
遅れていたらスピードアップ。時間内に必ず読み切る

POINT

試験には必ず制限時間がある。本番で慌てないためにも、日頃から訓練を積んで慣れておきたいね。

STEP 04

うまい時間の使い方④

集中力保持に効果的なスキマ時間勉強法

●夜中に徹夜で勉強をすると、翌日の業務に響いてしまうことも。

勉強時間がないと嘆く人は、電車待ちやアポ待ちなどの、スキマ時間にも注目すべきだ。

短時間では集中できないと思い込みがちだが、前項で述べたように、短時間でもみっちり学習した方が、むしろ集中力が高まるのだ。

実際に心理学者のヨストは、1時間勉強を続けるより、「20分勉強して10分休憩する」というように、休憩をはさみながら勉強した方が、効率がいいと述べている。

つまり、スキマ時間を使った勉強は効果的といえるのだ。そのためにも、空き時間を見つけたら即勉強にとりかかれるように、勉強道具は常に携帯しておきたい。

短時間の方が集中しやすい！

長時間の勉強は自己満足に過ぎず、勉強効率は極めて悪い。

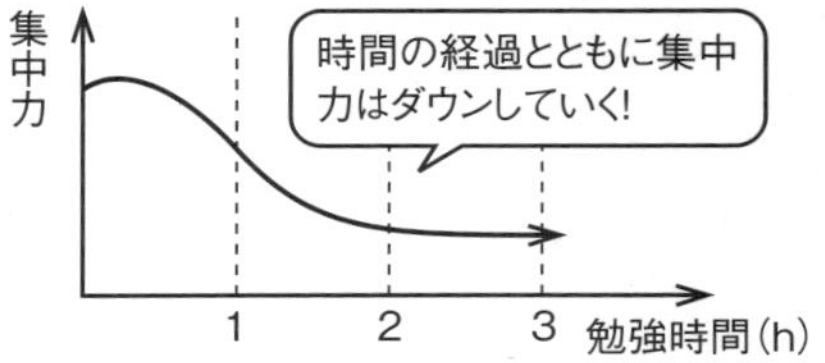

集中力
時間の経過とともに集中力はダウンしていく!
1
2
3
勉強時間(h)

●長時間勉強した場合

集中力は下がる一方。そのため、いくら勉強をしている気になっても、思いのほか身についていない。

＝

非効率的

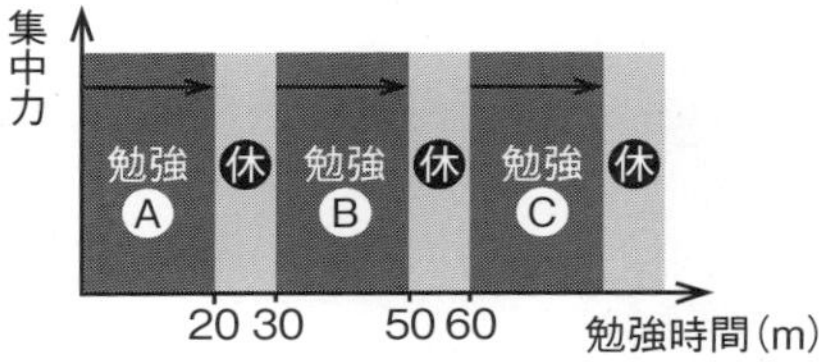

集中力
勉強 Ⓐ
休
勉強 Ⓑ
休
勉強 Ⓒ
休
20 30
50 60
勉強時間(m)

●20分勉強して10分休憩した場合

短い時間の中で、高い集中力が維持できる。トータル的に見ると、勉強時間に対して身につく分が多い。

＝

効率的

勉強は、短時間でも複数回やる方が、学習効果が高い。
つまり、スキマ時間の勉強はとても有効!

スキマ時間学習用勉強グッズ

以下の３つは短時間での勉強時に最適なアイテムだ。

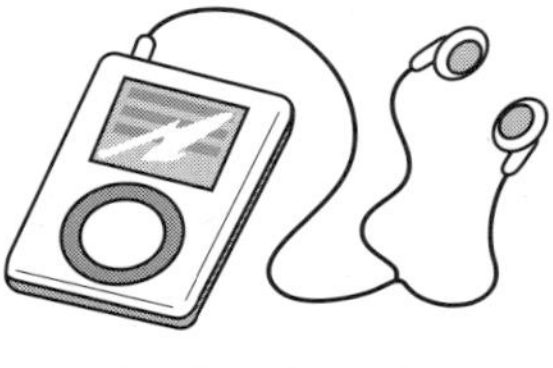

word
apple

ポータブルプレイヤー

オーディオブックやポッドキャストなどの耳学習は移動中にも便利。

単語カード

ちょっとした時間でも、目を通しやすい。オリジナルのカード帳を作っておきたい。

参考書のコピー

１冊そのままだと持ち運びに不便。その日やる分だけコピーするか、切り離して持ち歩く。

STEP 05

うまい時間の使い方⑤

暗記をするなら寝る直前を狙え！

睡眠は記憶定着の鍵となる

長期記憶へ切り替わるタイミングを逃してはならない。

効率の悪い暗記法　20分後には４割程度忘却する

［短期記憶として一時保管］ ＋ ［短期記憶として一時保管］ ＝ ［記憶の内容が混在する］

効率の良い暗記法　眠ることで直前の学習内容が残る

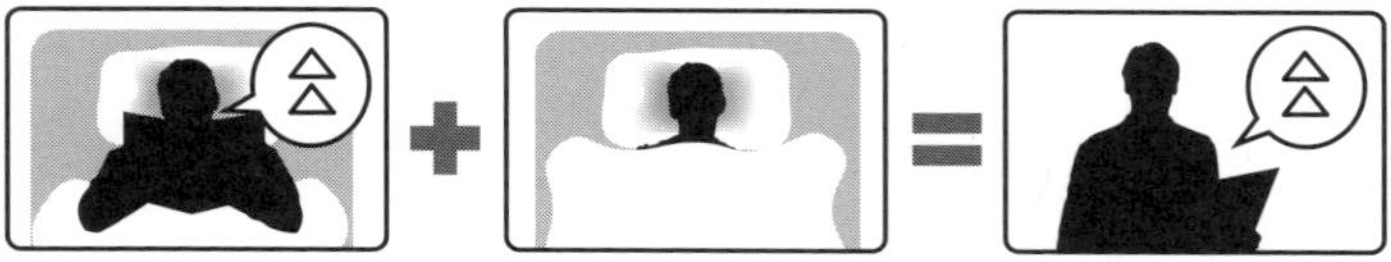

［短期記憶として一時保管］ ＋ ［睡眠時に長期記憶に転換］ ＝ ［記憶が強く定着する］

暗記するには入眠前の時間が最適！

暗記を苦手とする人は、脳のクセに注目した学習法を取り入れるとよい。脳は時間帯で働きに違いがあり、暗記に適した時間は寝る直前だということがわかっている。

通常、勉強時に覚えた内容は、まず短期記憶として一時的に脳の海馬《かいば》に記録される。次に睡眠中に情報が整理され、長期記憶として定着する。とくに脳は、「寝る直前に見たものを重要度が高いと認識する」といわれており、睡眠直前の暗記の効用は科学的な根拠があるといえる。

寝る前に暗記をし、起床後すぐに覚えているかのテストをすれば、より記憶の定着が図れる。

記憶定着のサイクルを作れ！

脳のクセを見越して暗記のためのリズムをつけよう。

起床後10分

記憶が定着したかどうかテスト（朝一番に行なう）。

スキマ時間（移動中など）

コマ切れ時間の集中力を利用し、新規の内容を学習する。

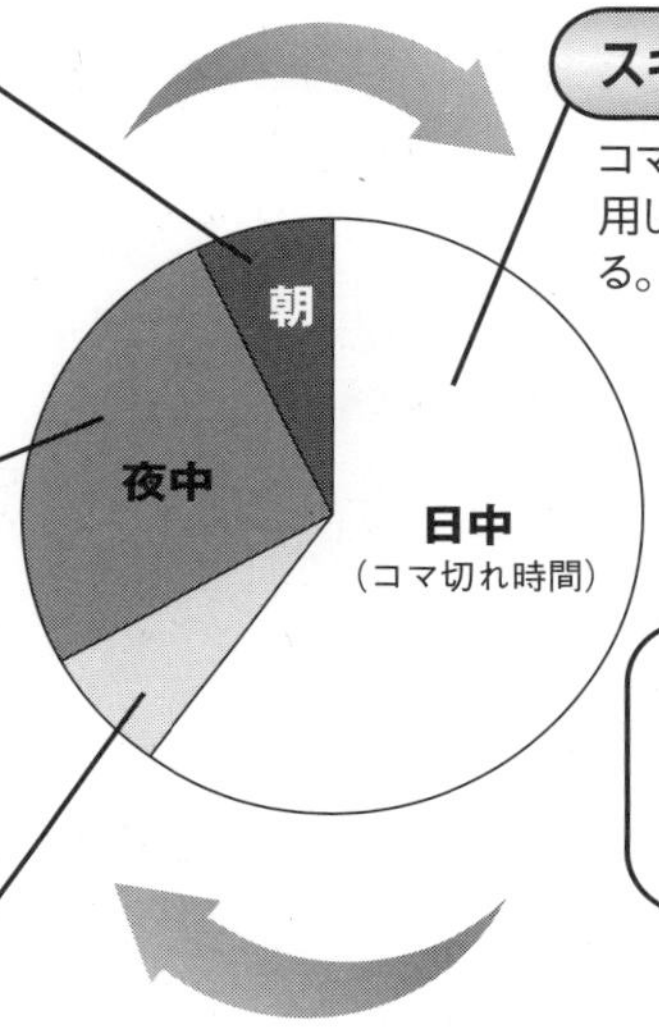
朝
夜中
日中
（コマ切れ時間）

睡眠中

入眠前に覚えていたことを定着させる（レム睡眠時に短期記憶→長期記憶に転換）。

入眠前20〜60分

日中に覚えた内容の復習（例：英単語、専門用語、計算法など）。

脳の機能が最適化するよう1日の学習計画を立てるのね。

ブツブツ

STEP 06

うまい時間の使い方⑥

思考力が高まる早朝は頭をとことん使え

思考力は時間帯で変化する

時間帯で変化する脳の働きを把握し、効率的な学習をしたい。

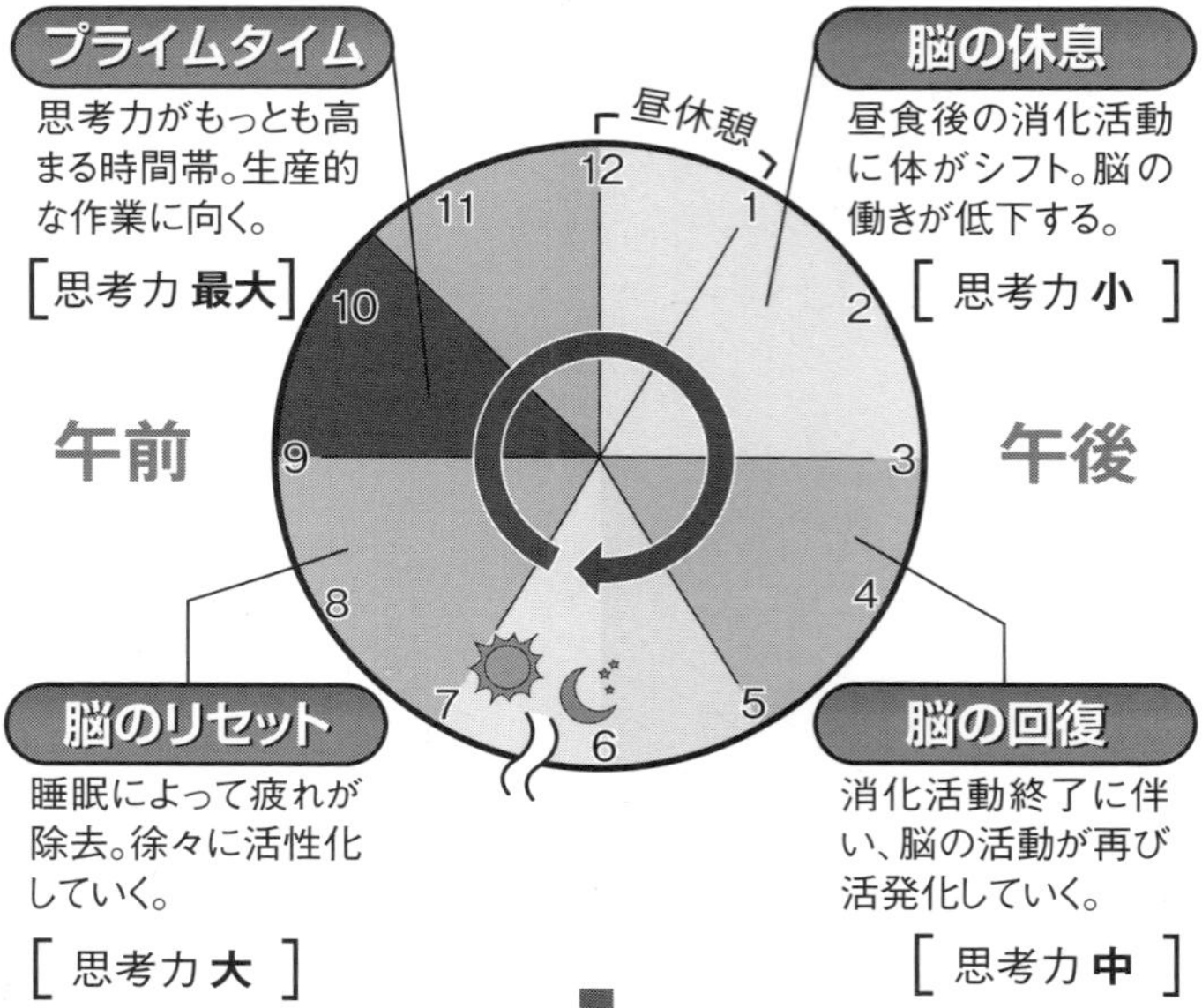

プライムタイム
思考力がもっとも高まる時間帯。生産的な作業に向く。
[思考力 最大]
脳の休息
昼食後の消化活動に体がシフト。脳の働きが低下する。
[思考力 小]
昼休憩
12
1
2
3
4
5
6
7
8
9
10
11
午前
午後
脳のリセット
睡眠によって疲れが除去。徐々に活性化していく。
[思考力 大]
脳の回復
消化活動終了に伴い、脳の活動が再び活発化していく。
[思考力 中]

午前中こそ脳がもっとも冴えている時間!

前項では記憶力の高まる時間を寝る前としたが、では思考するのに適している時間帯はいつか？

答えは早朝だ。朝の脳は、睡眠によってリセットされた状態。疲労が取り除かれ、1日でもっとも活性化し、冴えているのだ。

一般に、朝の1時間は夜の3時間分に相当するといわれるが、こうした脳のプライムタイムには、生産的な勉強が適している。難しい本を読む、問題集に挑戦するなど、ロジカルな勉強に費やしたい。

最近はこうした朝時間の活用に注目し〝朝活《アサカツ》〟を取り入れるビジネスマンも多く、出勤前に開講している勉強会も人気である。

始業時間前はこう使え！

脳が冴える時間帯は、積極的にロジカルな勉強に挑戦しよう。

《資格》

時間制限を活かし、問題集にトライ!

30分前に出社し、始業までの時間を制限として問題集に挑む。タイムプレッシャーで集中力もアップ。

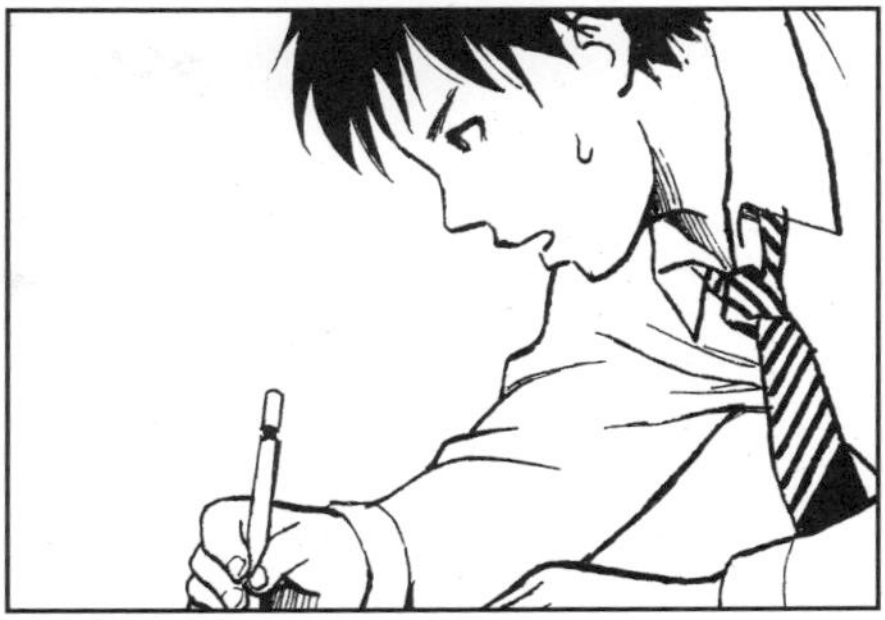

《語学》

グラマーやリーディングの予習に最適!

新しいパラグラフに挑戦し、文法などを予習する。覚えるのではなく、考える時間とする。

《自己啓発》

普段は読まないような堅い本を読む!

難しい本も、思考力が高まる時間帯である朝ならば読みこなしやすい。

ベンチャーの経営者はみな、早朝勉強を実践しているのか……
このままでは、彼らとの差は広がる一方だなんとかせねば!!

STEP 07

うまい時間の使い方⑦

ＴＯ ＤＯ＆ＤＩＤ ＤＯで取りこぼしをなくす

あら　フセンが
どれだけ使えるグッズ
なのか知らなかったの？
駄目ねぇ
直接書き入れていたら
手帳は汚れる一方よ
フセンなら
簡単にはがせるから
情報の入れ替えも
簡単なのに！

●フセンの特性を活かして活用したい。

仕事にしろ、勉強にしろ、予定が立て込んできて、やるべきことが山積みになると、パニックに陥りがちだ。そうならないように、自分の置かれた状況を一瞬で把握できるツールを確立しておきたい。

そのためにも、まずはやるべきことをすべて書き出す。その上で優先順位をつけて、うまくスケジューリングしていけば、スムーズかつ確実にノルマを実行できる。

まずはじめに、ＴＯ ＤＯ（やるべきこと）を思いつく限りリストアップし、フセンに書き出していく。続いてそれぞれの所要時間や締め切り、重要度などを考慮して優先順位をつけ、手帳に上から順に貼る。こうしたリストがあれば、やるべきことが一目でわかる上、緊急の案件が入った場合も、フセンを追加したり並び替えたりできるため、使い勝手がよい。しかし、これではまだ不十分だ。

ノルマの達成のためにも、片付いた案件は、ＤＩＤ ＤＯ（処理済み）リストに順次、移動させるひと手間が欲しい。これで処理済み分と、未処理分がひと目でわかり、取りこぼしがなくなる。また、全部処理できたときには達成感も得られるため、次への意欲も湧く。

なお、順次予定時間の変更に対応するためにも、リストは常に携行しておきたい。

TO DOリストだけでなくDID DOリストも作る

進捗状況を把握するため、処理済みリストも作成すべきだ。

まず、TO DO リストを作る

STEP 1

やるべき項目を書き出す

自分が今やるべき行動をフセン１枚につき１件ずつ書き出していく。

STEP 2

優先順に貼る

内容を確認し、プライオリティを判断。TO DO リストに上から順に貼っていく。

STEP 3

消化したらはがす

上から順にこなしていき、終わったものははがす。

単語を５つ覚える
Lesson5 復習
５分でできるもの

次に、DID DO リストを作る

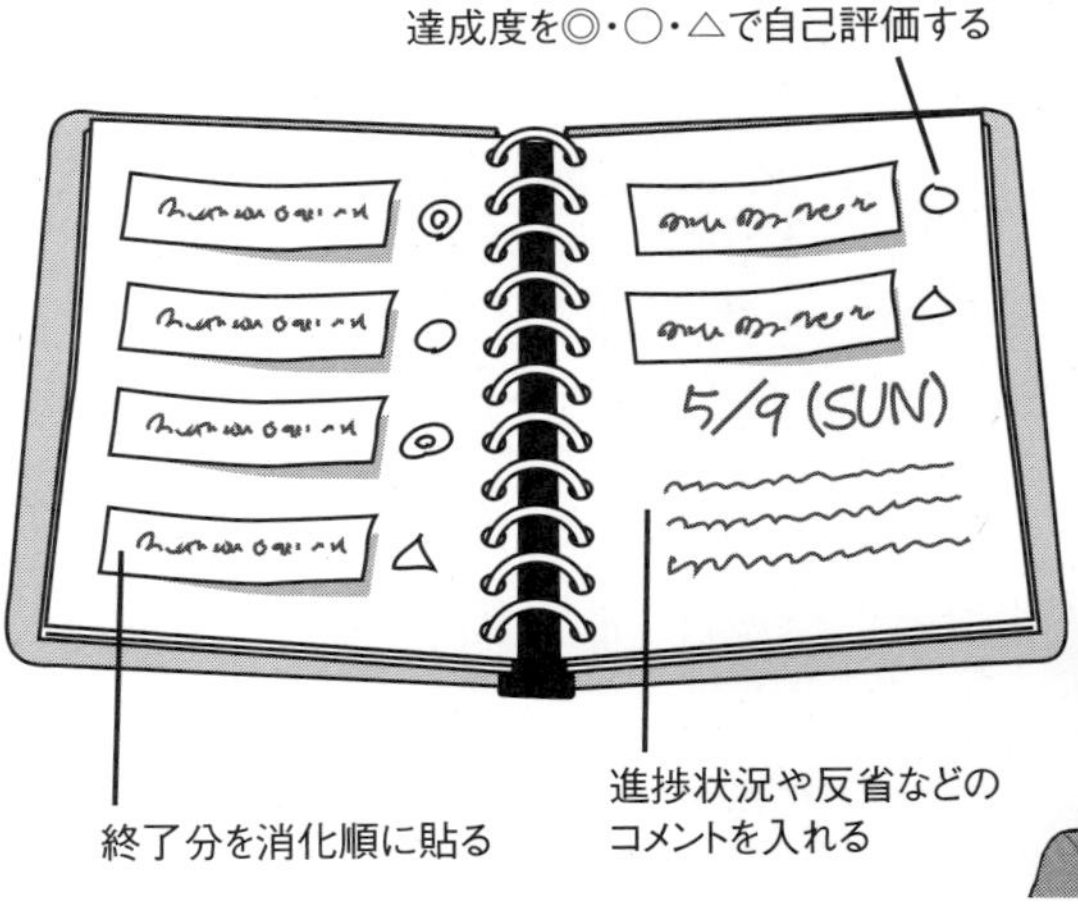

達成度を◎・○・△で自己評価する
5/9 (SUN)
終了分を消化順に貼る
進捗状況や反省などのコメントを入れる

TO DOリストから終了分をDID DOリストへ移す。その日の達成度が視覚化すると、モチベーションもアップするよ！

STEP 08スキマ時間活用法①

5分あったら英単語を1つ覚えろ

単語カードの学習法

自分専用の単語カードを作った方が吸収も早い。

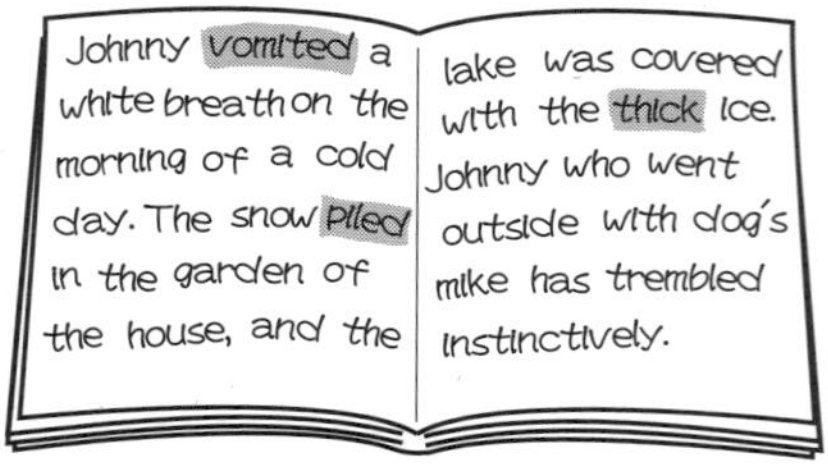

STEP 1

単語を抜き出す

参考書を読み、理解できなかった単語をマーキングし、カードに書き写す。

STEP 2

スキマ時間に覚える

スキマ時間を見つけて、復習。欲張らず5分かけて1つか2つでも確実に覚える。

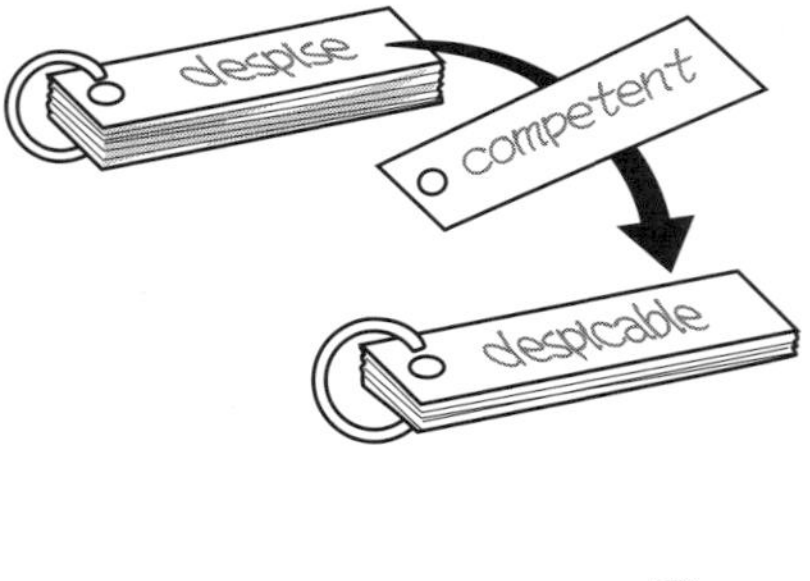

STEP 3

覚えたものは取り除く

覚えられた分は抜き取り、終了済みの専用リングに移す。

↓

英語は使わなければ、確実に抜けていく。
マスターした分も1ヶ月に一度は確認すること。

5分でできるものを知っておく

「たかが5分」とあなどる人は、時間の使い方を見直すべきだ。

用語・単語を覚える

自作の単語カードで集中して覚える。何度も復習してものにする。

スケジュールの見直し

日々の進捗状況を確認する時間として利用。変更などがないかチェック。

学習用ノートの斜め読み

ノートの好きなページを斜め読みする。カラーペンでラインが引かれた箇所を重点的に。

切り離した参考書を読む

参考書内の集中して覚えたいページを切り離すかコピーしておき、少しずつ何度も読み返す。

POINT

勉強グッズを常に携帯してこそ、ごく短時間のスキマ時間学習も可能となるのよ!

1日の行動を見返すと、アポ待ちや会議待ちの時間など、意外とスキマ時間が多いことに気づくはず。じつはこの5分から30分程度も、使い方次第で最良の勉強時間にできるのだ。とはいえ、そんな短い時間に、はたして何をすればいいのかと悩む人も多いだろう。

たとえば一番短い5分のスキマ時間。これは、勉強グッズさえ携帯していれば、単語の1つや2つチェックするのに十分な時間だ。

こうした短いスキマ時間を有効に使えるか否かのポイントは、常に自分を勉強の態勢に持っていく準備ができているかどうかにある。どうしても覚えられない単語でも、こうした反復学習で暗記できるはずだ。

STEP 09

スキマ時間活用法②

15分で新聞や雑誌の記事を1つ熟読する

次に15分の使い方だ。この程度あれば、新聞や雑誌記事の読み込みにあてたい。こうしたときに使えるのが、クリッピングサービスである。これは新聞や雑誌記事から、設定したキーワードの関連ページを切り抜き、パソコンやFAXなどに送付してくれるサービスだ。経営者をはじめ、多忙を極めるエグゼクティブに利用者が多い。

ネット環境が整っているノートPCを携帯していれば、15分のあいだに記事を読み、生じた疑問を検索することもできる。

取引先への移動中であれば、この時間で得た知識を訪問時に早速アウトプットしてみるとよい。

●ノートPCへの配信を設定しておけば、外出先でもペーパーレスで記事が読める。

クリッピングサービスを使いこなせ！

得た情報に自分なりの追加情報をつけることで、知識により深みが出る。

STEP 1

クリッピングサービスに登録する

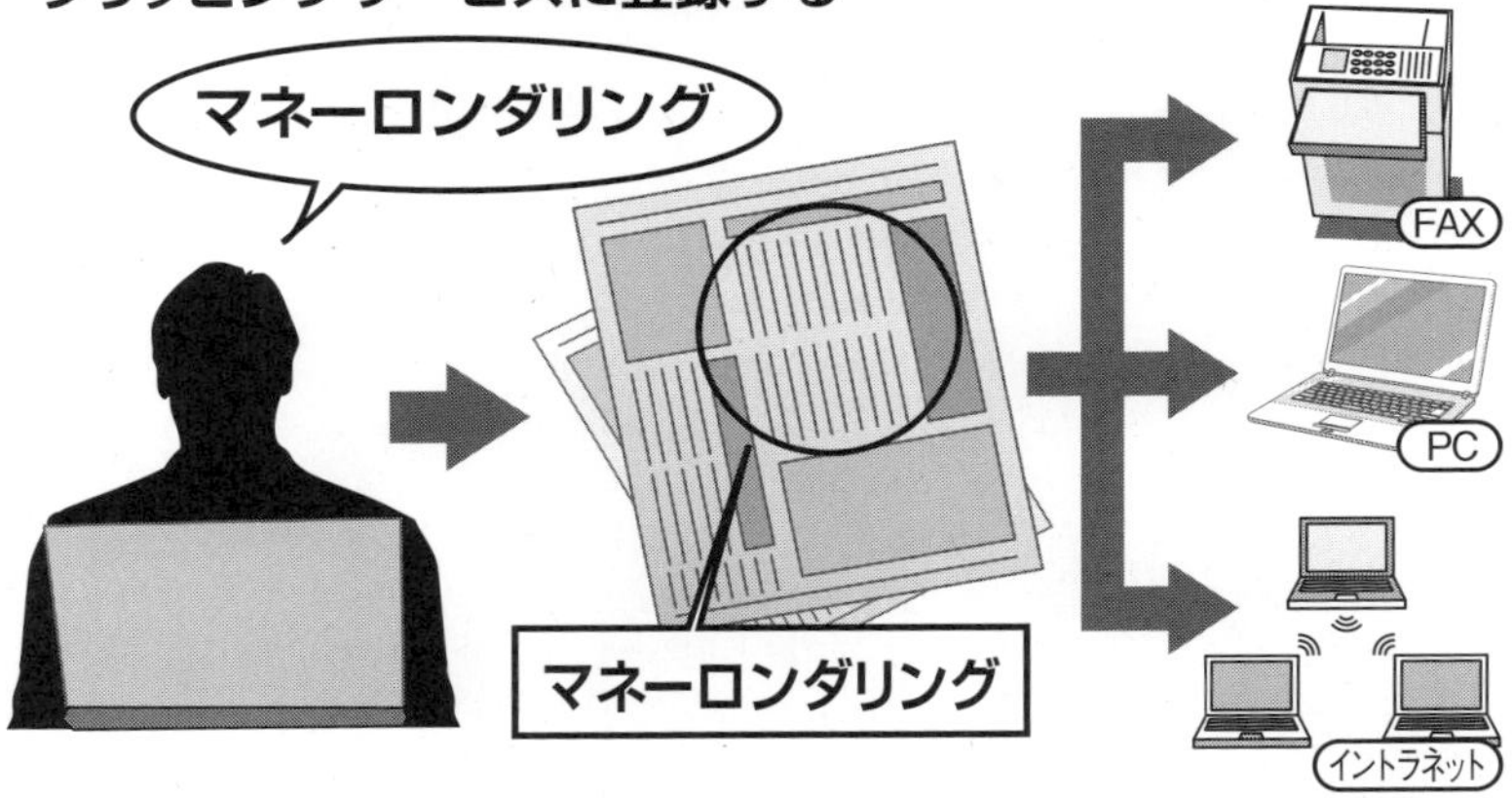
マネーロンダリング
マネーロンダリング
FAX
PC
イントラネット

①業者に登録し、キーワードを設定する。

②センターがキーワードをもとに自動で記事を検索、抽出。

③ユーザーの指定した手段で毎週配信される。

STEP 2

配信手段をノートPCにし、読んだあとに周辺情報まで情報を補完！

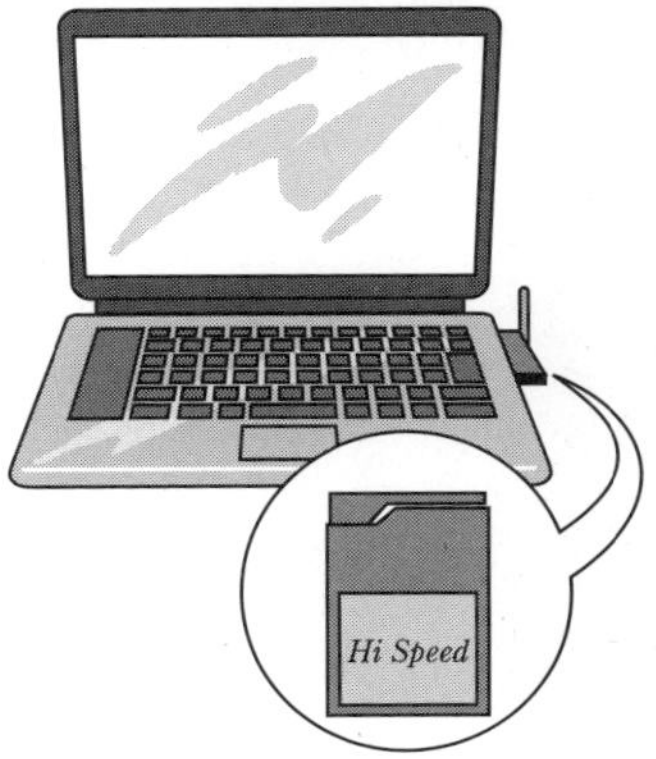
Hi Speed

事前準備

ノートＰＣに通信カードと無線ＬＡＮを繋げ、オンライン対応にする。

配信日

記事を読んで知らない単語にぶつかったり、もう少し掘り下げた情報が欲しいと思ったら、そのまま検索に移る。この手間で知識の厚みも増す。

15分あれば記事1つを読んだ上で、ネット検索での補完作業まで可能！

クリッピングサービスを行なっているおもな会社

「ＥＬＮＥＴ」 http://www.elnet.co.jp/
「ＰＲ ＴＩＭＥＳ」 http://prtimes.co.jp/
「株式会社内外切抜通信社」 http://www.naigaipc.co.jp/ ほか

STEP 10

スキマ時間活用法③

30分あったら最寄りの書店へ足を運べ

●時間を見つけたら「即行動」が鉄則だ。

営業が予定より早く終わったときなど、外出先でぽっかり30分程度時間が空くことがある。

こうした場合、喫茶店に入って参考書を開くのも悪くはないが、せっかくなら、最寄りの書店に立ち寄ってみたい。駅前や中心街であれば、たいてい近くに1軒や2軒の書店があるはずである。

買いたい本はなくてもよい。この時間の意義は、世の中の動向や流行りをチェックすることにある。時間の使い方は以下の通りだ。

まずは新刊本コーナーに向かうこと。続いて雑誌で特集の見出しに目を通し、新書の棚へ移動。その後ざっと店内を一巡し、自分の興味のある分野を最後へ回す。

これだけで旬の人や、話題のキーワードが俯瞰《ふかん》できる。書店は時代を映す鏡だといわれるが、タイトルを眺めるだけでも、世論や消費者のニーズといった最新情報を入手できるのだ。アイデアや企画のヒントに利用しない手はない。

さらに、気になるタイトルの本があれば手に取ってみる。面白い発見があるかもしれない。

このように書店は、未知の情報との出合いをもたらす、知の宝庫といえる。もし、待ち合わせをするのならば、場所も書店を指定しておくとなおよい。約束の時間まで、まとまった学習時間となる。

30分を効率よく使う書店の巡り方

30分は、見識を深める時間に使いたい。迷わず書店へ足を運ぼう。

①新刊本コーナーを覗く

新刊本コーナーは本の流行り廃りが如実にあらわれる。動向を見るのに最適。

②雑誌の表紙を眺める

雑誌の表紙に羅列される特集見出しは、今が旬のキーワードばかり。企画のアイデアに繋がる。

③新書の棚をチェックする

おもに実用と教養の分野では、時代を反映したテーマが並ぶ。売れ筋などの傾向がわかる。

④興味のある分野へ向かう

一巡できたら、残りの時間は好きな分野や著者もののチェックにあてる。

↓

たった30分でも世の中の流行や傾向を把握できる!

POINT

書店の一巡は世のニーズの把握のほか、次に読むべき本、選ぶべき本のヒントも得られるね!

なるほど
こう回れば時間の
効率もいいな！

STEP 11

スキマ時間活用法④

「効読」をして1時間で本を読む

読書法の種類

勉強に繋がる読書法の中では、以下の３つが代表的だ。

速　読

ページをひと固まりの映像としてとらえ、記憶する読書法。

↓

慣れるまでに時間を要する

精　読

一字一句飛ばさず、終わりまでじっくり読み込む読書法。

↓

記憶に残りやすいが時間がかかる

効　読

読むべき場所と必要のない場所で、強弱をつけて読む読書法。

↓

誰でもすぐにできる

取り入れやすく、効果的な読書法は効読!

昼休みなど、1時間程度のまとまった時間がとれたなら、本を「効読《こうどく》」し、1冊読み切ってしまう。効読とは、作家の中谷彰宏《なかたにあきひろ》氏が提案する読書法で、じっくり読むところと、読み飛ばすところと、強弱をつけて本を読むことをいう。

　たとえば、目次で核心部をチェックし、該当する本文のみを読み込み、それ以外を斜め読みしてしまえば、必要な情報を得ながらにして、1時間で1冊は読み切れる。

　もし、知りたい情報が曖昧な場合は、「この章では」「つまり」といった結論を示唆する言葉の前後に注目する。それだけで本の全容をほぼつかむことが可能だ。

1時間で1冊読み切る「効読」テクニック

「効読」をする際は、以下の要素を参考にしたい。

キーワードの設定

詳しく知りたいと思う語句を設定し、全体を飛ばし読みしていく。キーワード周辺部だけを熟読する。

目次チェック

本文を読む前に、目次で見出しを見る。知りたい箇所が何章なのか確認し、該当箇所以外は読まない。

まずは目次をチェックっと……
ふむふむ、この本で俺が必要としているのは第3章のあたりだな！

小見出し飛ばし

ページをめくりながら、小見出しをチェック。興味のある小見出しの箇所だけ本文を読む。

まとめ周辺の確認

飛ばし読みを続け、「この章では」「つまり」など結論を示唆する言葉が目に入ったら、その前後をしっかり読む。

POINT

キーワードを設定し、その前後を注目する読み方をスキャニングという。社会人の読書法として、習得しておきたいスキルだね。

COLUMN 1

高さが適度で、無駄なものを一切置いていない机
リラックスしすぎず、かつ
腰が痛くならない椅子

◇勉強に集中するには 椅子と机にもこだわりを

資格取得のための勉強期間は、少なくとも半年、長ければ数年かかる。そのとき大切なパートナーとなるのが、書斎の勉強机と椅子だ。

この選択をおろそかにしてしまうと、試験勉強に集中できなくなってしまう恐れがある。とくに椅子は吟味すべき。座り心地がよく、かといってリラックスしすぎず、長時間座っても腰が痛くならないような正しい姿勢が保てるものがベストだ。

机は椅子ほどこだわる必要はないが、状態には気を配るべき。まず集中力を削ぐようなものは置かないこと。旅行の思い出の写真や読みさしのマンガなどは厳禁だ。

引き出しの中も、勉強に必要な筆記具以外を入れてはいけない。これが書斎の机と椅子の最低条件である。

Chapter2

第2章
最速で知識をつかむ情報収集法

STEP 12

本を活用する①

書店とインターネットは用途で使い分ける

この本は
面白そうだ
早速
注文しよう！

最近はデジタルがもてはやされ、本の購入時にも、インターネットを利用する人が増えている。

だが、街の書店に行くメリットがないかといえば、それは間違い。それぞれ実店舗には実店舗の、ネットにはネットのよさがあり、使い分けて利用するのが望ましい。

まず、買う本が決まっていないときや、世相を知りたいときは実店舗に行くとよい。書店の巡り方（P30）で述べたように、一巡するだけで、世の動向を俯瞰できる。また、自分の目で見て探せるから、本選びの幅が広がり、思いがけない良書との出合いもある。

さらに、本を手にとって見ることができるのは、実店舗ならではの強みだ。最初の1ページや目次を読んだり、雰囲気、手触りを確かめてフィーリングの合った本を手に入れることができる。

逆に欲しい本が決まっているときはオンラインショップが有効。自宅やオフィスにいながらにして本が手に入るから、多忙を極めるビジネスマンには心強い。予約の殺到しているベストセラーや、発行部数の少ない本の入手も容易だ。

このように、世の動向をチェックしたり、本選びを楽しみたいときには街の書店、指名買いをしたいときにはネット書店と、賢く使い分けるべきである。

使い分けの基本は「自分が何を求めているか」

何のために本を買うのか、明確にするのが第一だ。

・気づきが多い ・偶然の出合いがある ・情報の幅が広がる	メリット	・思いたったら、即購入できる ・キーワード検索で類書もサーチしやすい ・稀少本の入手も容易
・移動時間など時間的ロスが大きい ・訪れた先の書店に目的の本があるとは限らない	デメリット	・中身が見えないため、失敗も起こりがち ・キーワード外ははじかれるため、情報の幅が限定される

書店利用時のポイント

- ☑ 多くの情報を得たいとき
- ☑ 本の仕様や内容をチェックしたいとき
- ☑ 時流を知りたいとき

ネット利用時のポイント

- ☑ 購入物が決まっているとき
- ☑ 市場に出回らない本が欲しいとき
- ☑ 入手を急いでいるとき

POINT

このほか、「絶版本なら古書店」「バックナンバーが欲しいなら出版社」という使い分け方もあり。

本のコストパフォーマンスを知る！

本はコストパフォーマンスの高い商品の筆頭格だ。

本１冊（一般的な文庫や新書）の原稿に書かれる文字数

10万～20万文字

20万文字を書くために著者が費やす時間

①仕事での経験や体験であれば、数年～数十年分

②執筆期間としての数週間～数年間

数年～数十年分の労力が１冊の中に凝縮されている！

↓

本は著者の長年の知恵が、数百～数千円程度で購入できる、じつにコストパフォーマンスの高い商品。

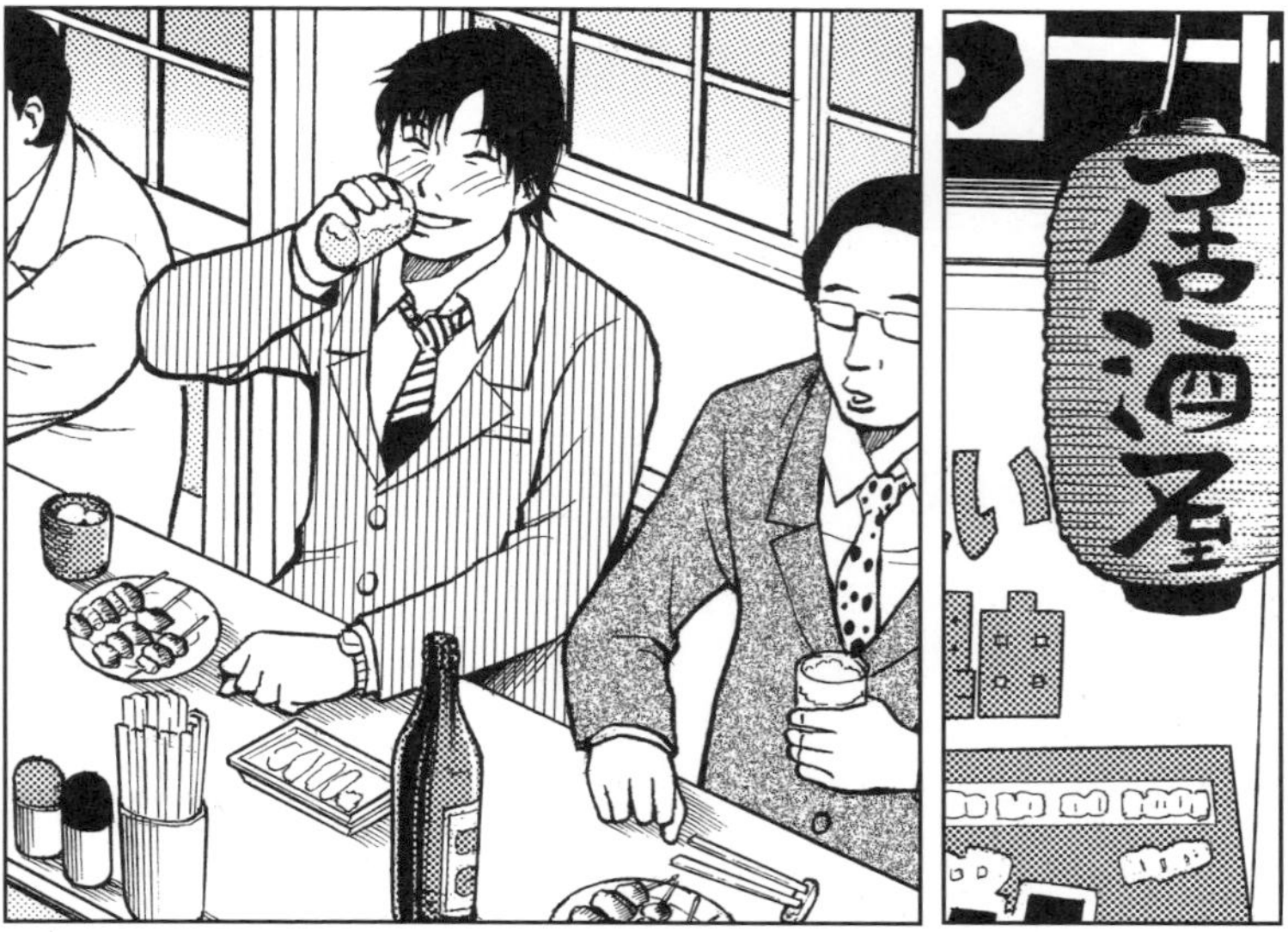

●自分に合った本なら、飲み会への参加１回分の出費で数年～数十年分の知恵が手に入れられる。

自分に合った本はこう見つける

コストパフォーマンスは、自分に合う本であってこそ高いといえる。

●外部情報から良書を見つける方法

①新聞の書評欄をチェックする

週末に各新聞で設けられている書評欄は、質が高い。毎週読んで、書評家の傾向をつかんでおこう。読み比べてみるのもオススメ。

②ブログやメルマガをチェックする

人気のブロガーやメルマガ発行者のアウトプットを見て、自分に合った感性を持つ書評家を見つける。その人が勧めるものは、ハズレも少ない。

POINT

自分の手でとって1冊ずつチェックするときは、タイトルや目次、前書きを読んでフィーリングに合うかどうかを確認する。

同じテーマを扱う本であっても、文章のリズムや切り口によって当たり外れはあるもの。良書を探すのは簡単ではないので、外部情報を参考にするのもよい。

まず、毎週1回掲載される、新聞の新刊紹介や書評欄が旬で質も高い。また、ブログやメールマガジンの書評も大いに参考になる。メールマガジンでは「ビジネスブックマラソン」、ブログでは「後悔しないための読書」など人気の書評家から、自分の感性に合う人物を見つけて参考にしたい。

自分で探すなら、まず、本のタイトルや帯のコピー、目次や前書きをチェック。その上で気になる項目の本文にさっと目を通して、買うかどうかを判断する。

STEP 14

本を活用する③

専門書は後半の3分の1だけを読む

知識に深みを持たせるために、上級者向けの専門書を読む必要が出てくることもある。こうした本を攻略するには、精読《せいどく》しないこと。

専門書といえば、分厚く、文章も難解で読むだけで面倒。だからこそ本の構成を知り、不要な箇所はリストラしてしまうとよい。

早い話、読むべきところは「序論」と「結論」だけで十分と考える。

一般に、専門書の類は、著者の意見や総論が後半の3分の1あたりからまとめられているものが多い。では前半部はというと、結論に至るまでの仮説や論証に費やされるというケースが多々ある。

つまり、序論にあたる問題提起で本の目的を確認し、結論でまとめを読めば、あいだを飛ばしてもある程度主旨は理解できるのだ。

とはいえ、結論を読む際に、わからない用語や説明が出ることもあるだろう。そうしたときにはじめて、読み飛ばした前半3分の2の部分にざっと目を通してスキャニング（P33）し、キーワードの周辺部を読み返せばいいだけのことだ。

専門書に限った話ではないが、本は「勉強のために全ページを読みきらねば」と考えてはいけない。むしろ、「この本から必要な知識をいかに効率よく抽出するか」という考え方に、読書スイッチを切り替えるべきだろう。

一口メモ

専門書のベストセラーは内容が軽い!?

✕ 情報や内容が浅く軽い

○ 文章が読みやすい

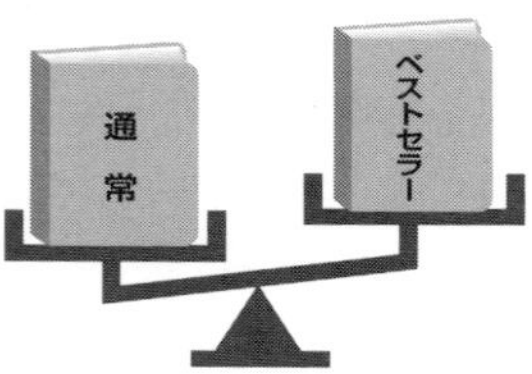

万人に向くように本が構成されているため、物足りないと感じることも少なくない。

専門書は序論と結論以外読まない

堅い専門書は精読に向かない。押さえるべき場所を押さえて効率よく読む。

専門書・技術書の構成

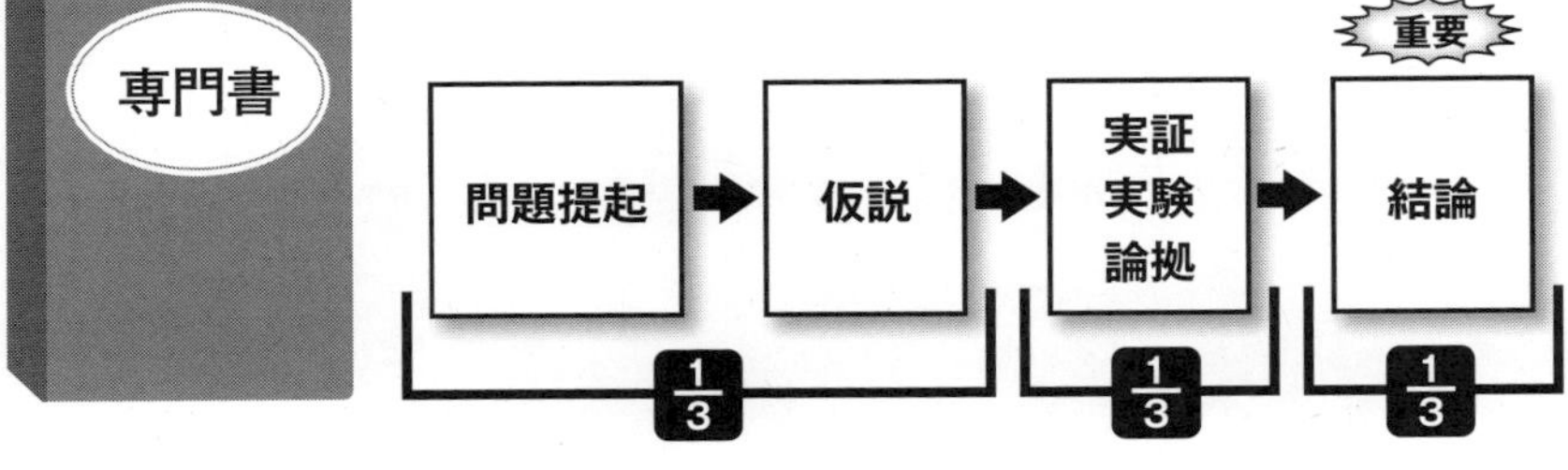

専門書
重要
問題提起
仮説
実証
実験
論拠
結論
1/3
1/3
1/3

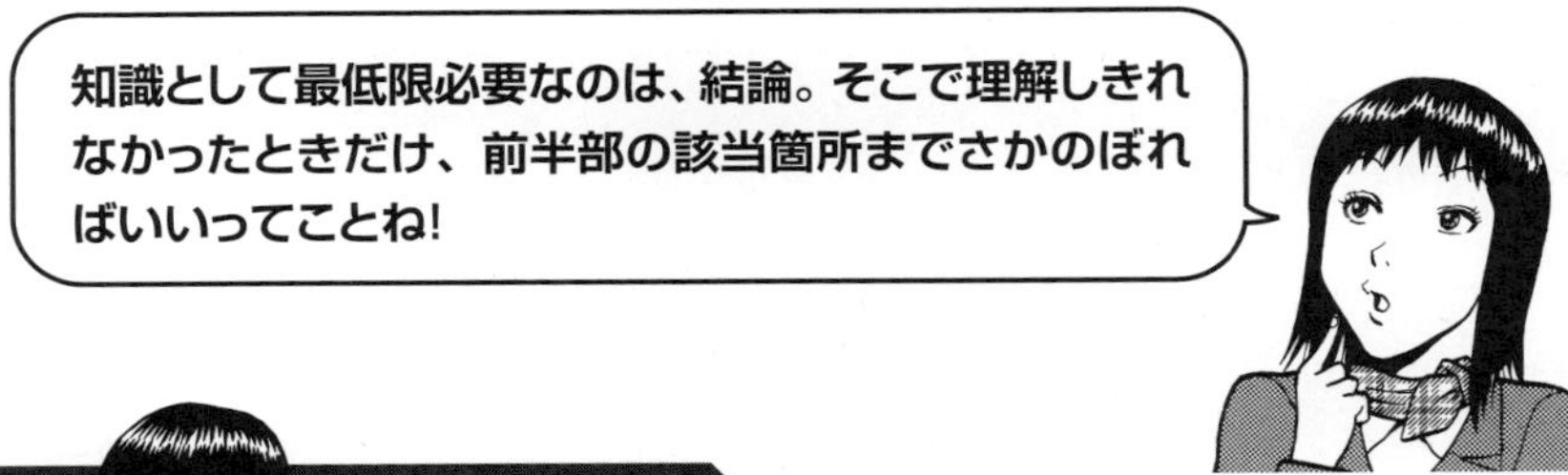

知識として最低限必要なのは、結論。そこで理解しきれなかったときだけ、前半部の該当箇所までさかのぼればいいってことね!

POINT

「後半3分の1の法則」はすべてにいえるわけではないので注意。まずは目次で構成を把握しよう。

STEP 15

本を活用する④

勉強用の本はラインを引いて汚しながら読む

本への書き込みは2度おいしい！

ラインを引く作業は読了後のメリットも大きい。

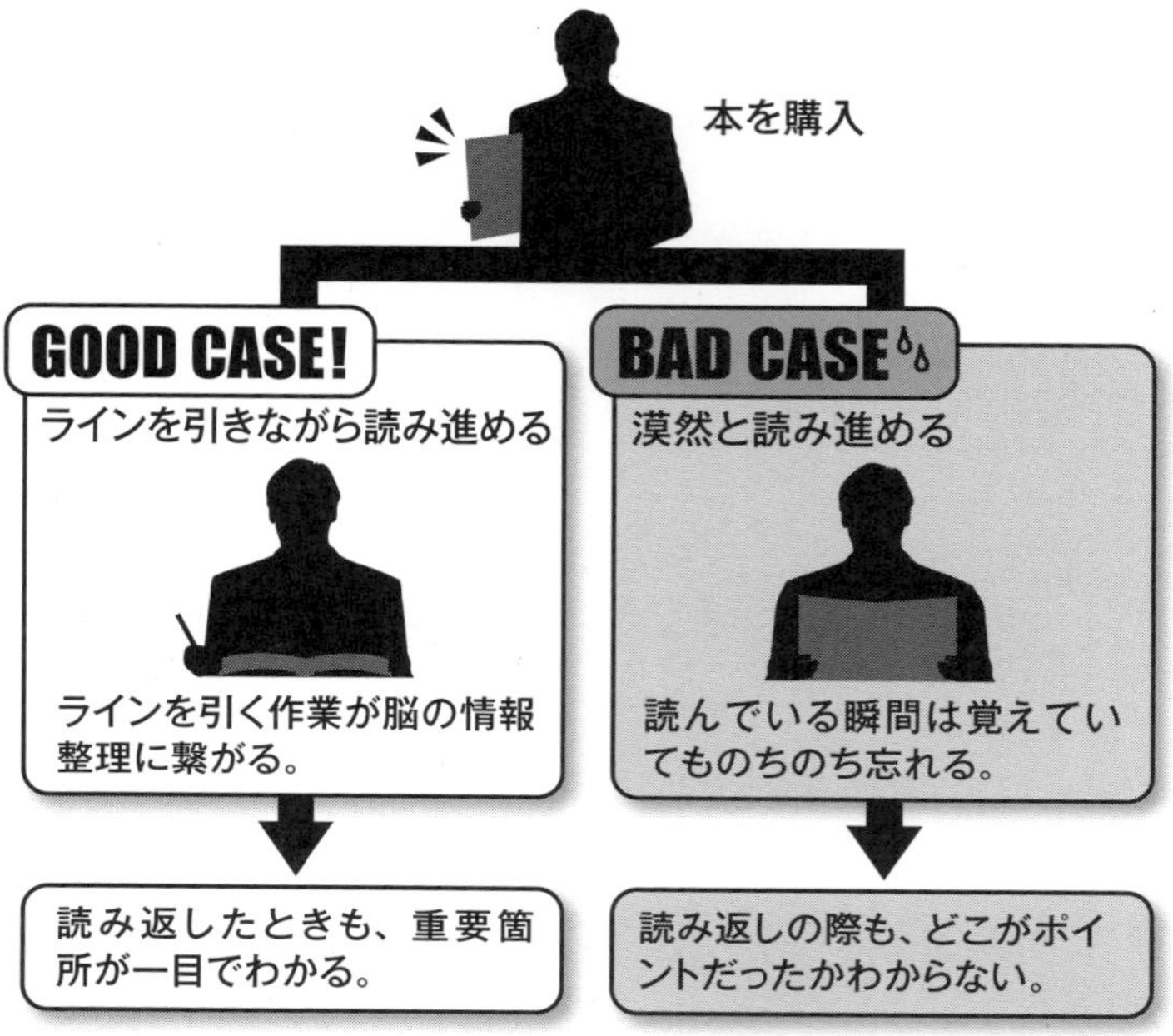

本を購入
GOOD CASE!
ラインを引きながら読み進める
ラインを引く作業が脳の情報整理に繋がる。
読み返したときも、重要箇所が一目でわかる。
BAD CASE
漠然と読み進める
読んでいる瞬間は覚えていてものちのち忘れる。
読み返しの際も、どこがポイントだったかわからない。

読書中だけでなく読了後も優秀なテキストになる。

読書の際、汚さないよう神経質になるのは意味がない行動といえる。学習効果を高めたいのなら、本は汚すべきだ。

『三色ボールペン情報活用術』（角川書店）などの著作で知られる齋藤《さいとう》孝《たかし》氏は、4色ボールペンのうちの3色でラインを引きながら読み進める読書法を提案している。

赤は一番重要な箇所に、青は比較的重要な箇所に、緑は興味をひかれた箇所に引く。すると読みながら頭が整理されるだけでなく、読み返しの際、色が視覚に訴えるため、サーチしやすくなる。さらに黒で疑問点や反論を書き込めば、読書時の記憶も引き出しやすい。

本のマーキングには4色ボールペンを使う

４色ボールペンを１本持つ。この習慣づけが周囲との差に繋がる。

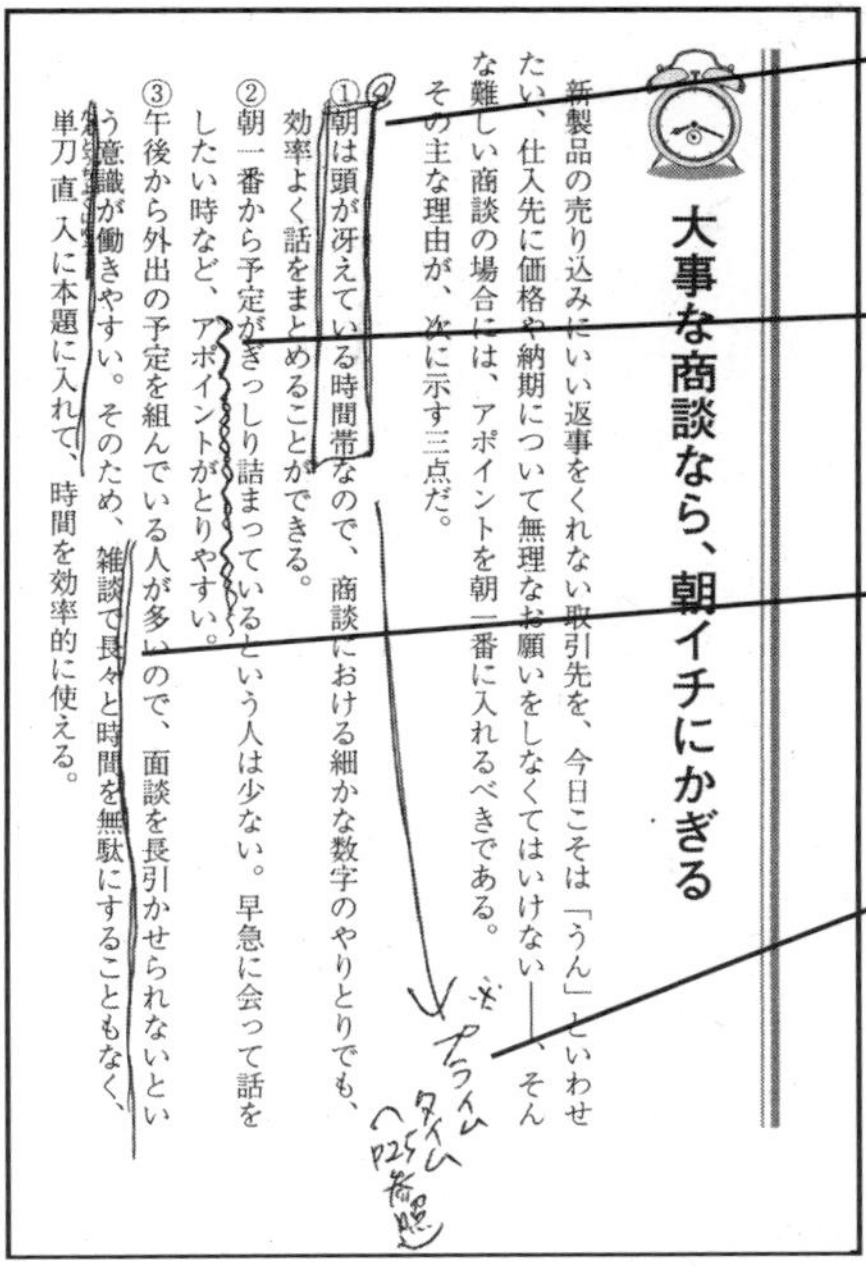
大事な商談なら、朝イチにかぎる

新製品の売り込みにいい返事をくれない取引先を、今日こそは「うん」といわせたい、仕入先に価格や納期について無理なお願いをしなくてはいけない——、そんな難しい商談の場合には、アポイントを朝一番に入れるべきである。

その主な理由が、次に示す三点だ。

①朝は頭が冴えている時間帯なので、商談における細かな数字のやりとりでも、効率よく話をまとめることができる。

②朝一番から予定がぎっしり詰まっているという人は少ない。早急に会って話をしたい時など、アポイントがとりやすい。

③午後から外出の予定を組んでいる人が多いので、面談を長引かせられないという意識が働きやすい。そのため、雑談で長々と時間を無駄にすることもなく、単刀直入に本題に入れて、時間を効率的に使える。

※プライムタイム
（P25参照）

知的生産研究会 著『おもしろいように仕事が片づく！朝型人間の成功習慣』（PHP 研究所）より

①赤ペンはこう使う!
もっとも重要だと感じるキーワードやテクニカルセンテンスをマーキングする。

②青ペンはこう使う!
次に重要だと感じるセンテンスをマーキングする。 1文まるまる引いても。

③緑ペンはこう使う!
興味をひかれた箇所や、面白いと感じた１文をマーキングする。

④黒ペンはこう使う!
反論や疑問、読んで感じたことなどを、脇にメモとして書き込んでいく。

一口メモ
蛍光マーカーのデメリット

①時間がかかる
4色ボールペンはノックで色を替えられるが、マーカーは持ち替えが必要。手間がかかる。

②読みにくい
蛍光色は目を疲れさせる。また、すべての色が主張するため、重要箇所の見分けがつけにくい。

だからこそ、1本で用が足りる
4色ボールペンがオススメ。

ここはかなり
重要だから
赤のラインね

STEP 16

本を活用する⑤

積読で宝の鉱脈を引き当てる

机に積んでいたら
いつ読むかわからないな
よし、カテゴライズして
書棚に入れておこう！

●机の上に積んでおくだけの積読にはしないように。

本を買ったはいいが、読まずにためこんでしまうことは少なくない。これを俗に「積読《つんどく》」というが、これまで悪習の一つとされてきた。

しかし、気になる本が手元にあり、読みたいと思ったときに読める状態にあるというのはむしろいいことだ。昨今、書店の本のサイクルは早くなる一方で、買いそびれると、二度と手に入れられなくなるケースも少なくない。だからこそ、少しでも迷ったら、読むかどうかを考えずに購入すべきだ。

経済評論家の勝間和代《かつまかずよ》氏も、本に触れる機会を増やすために必要なプロセスだとして、「積読」を奨励している。

さらに「積読」の効果を上げたいのなら、独自の書棚分類法を作り、整理しておくとよい。

たとえば、中華料理のレシピ本と古代中国史である司馬遷《しばせん》の『史記』を「中華人民共和国」というカテゴライズで並べてしまうのだ。

分類時にどういうくくりにするか考えるだけでも思考のトレーニングになるし、あとで背表紙を見返したときに思わぬ発見に繋がることもある。このように、既存の分類法にこだわらず、自己流で書棚に配置するクセをつけたい。

「積読」は無駄という概念はまず捨てる。逆に勉強に有効な宝の鉱脈と考え、本を購入してほしい。

本は迷わず購入する

本は買わずに後悔するより、買って後悔する方が身になる。

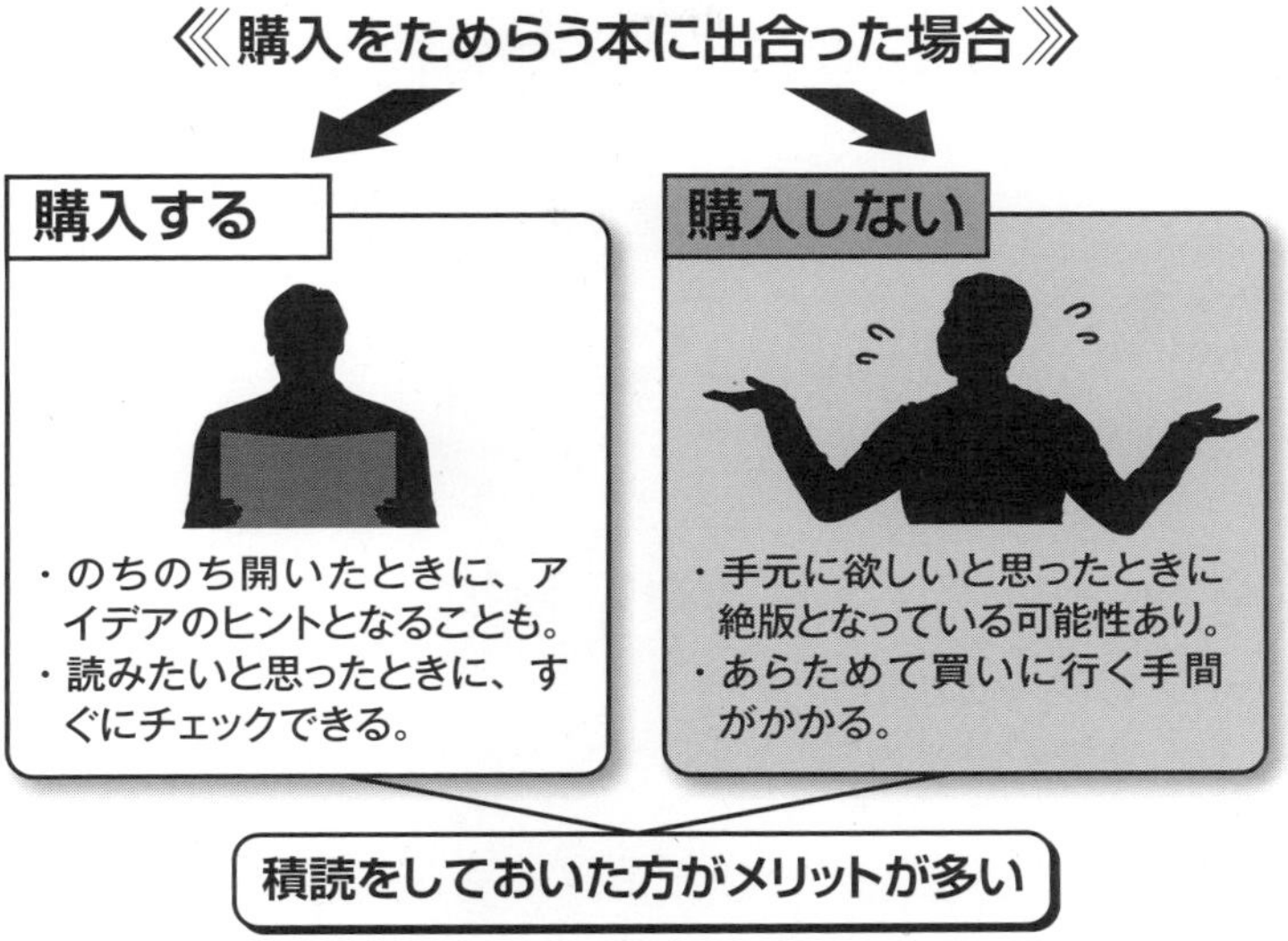
《購入をためらう本に出合った場合》
購入する
・のちのち開いたときに、アイデアのヒントとなることも。
・読みたいと思ったときに、すぐにチェックできる。
購入しない
・手元に欲しいと思ったときに絶版となっている可能性あり。
・あらためて買いに行く手間がかかる。
積読をしておいた方がメリットが多い

積読をより効果的にするための書棚づくり

積読の効果を上げるには、分類法にもひねりが必要だ。

◉書棚分類法の具体例

①『さおだけ屋はなぜ潰れないのか?』(山田真哉／光文社)と『現役大学教授がこっそり教える株式投資「必勝ゼミ」』(榊原正幸／PHP研究所)を「社会問題」のカテゴリイズに。

② 中華料理のレシピ本と中国の古代史『史記』(司馬遷)を「中華人民共和国」のカテゴリイズに。

普通だったら一緒に並ばない本をあえて隣り合わせにすることで、思わぬ発見、アイデアが生まれる!

POINT

分類法を自己流にすれば、並び替えの作業時だけでなく、並び替えたあとの気づきも多い。

本は複数冊を同時に読み進める

並列読みには2通りある

並列読みは類書を読むか別のジャンルを読むかの選択も慎重に。

◉類書を並列読みする場合

メリット　**知識に深みが出る**
同じテーマの内容でも、本によって切り口が異なるため、視点が増える。

デメリット　**情報が混同する**
似たテーマだからこそ、反対意見などを見て混乱してしまうことも。

◉別のジャンルの本を並列読みする場合

メリット　**脳への刺激が大きい**
違う系統の話を読むことで脳への刺激が大きくなり、記憶させやすくなる。

飽きがこない
ジャンルがさまざまなため、途中で飽きることがない。

今日の出張のおトモは
コレにしよう

ジャンルの異なる並列読みのコツ

何冊も本を携帯するのは難しい。場所を決めて配置しておくのがベストだ。

1 <携帯用>
朝の出勤時間用の、少し難しめの本を鞄に入れておく。余裕があればライト系も。

2 <寝室用>
眠る前は記憶力が増す時間帯。娯楽本よりも、暗記学習系の本を選びたい。

3 <書斎用>
休日などに、一気に読み切りたい本を置いておく。娯楽本でもかまわない。

4 <トイレ用>
数分で一つの項目が読めるような雑学系の本や、単語帳などを配置する。

POINT

しかるべき場所に配置しておけば、「読もう」と思ったときにすぐ手にとれる。

読書をするとき、たいていの人は1冊を集中して読むものである。しかし、読書効率を上げたいのなら、複数を同時に読み進める並列読みが有効だ。

勉強術における読書法は、先述の通り必要なところだけを読む「効読」を勧めている。つまり、話の前後はあまり関係がないため、問題が生じることはまずない。

気になるようであれば、本によって読む場所を選んでおき、配置しておくのも手だ。

たとえば、集中力を要する本は通勤時間用として鞄の中へ、一気に読みたい本は休日用に自宅の書斎へというように、あらかじめ配置し、読書環境を整えておくと、頭の切り替えがしやすい。

STEP 18

本を活用する⑦

読書ノートに知識をアウトプットする

読んで満足してはいないか？

読んでいる最中よりも、読み終わってからの方が読書は肝心だ。

◉ 読了後の感覚

満足感＋達成感

↓

読んだだけで身についたように錯覚。

→ **アウトプットあり**

記憶の定着がより強固になる。

→ **アウトプットなし**

記憶が薄れ、最終的には忘れてしまう。

つまりアウトプットは
記憶定着のためにも
必要不可欠といえるな！

本を読んだあと、得た知識はアウトプットしてはじめて知識が身についたといえる。アウトプットの方法はさまざまだが、まずは読書記録をつけてみるのも手だ。

記録をつけることで気づきが得られるばかりでなく、相対的な評価が下せるようになる。また、努力の結果が視覚化するため、読書のモチベーションも高まる。

読書ノートをうまく作るコツは、要約にある。三上直之《みかみなおゆき》氏の『「超」読解力』（講談社）では、はじめに段落ごとに要約し、その要約を、接続詞で繋げていく方法を勧めている。その上で感想をプラスすれば読書ノートの完成だ。

アウトプット習慣に読書ノートを作る

読書ノートの基本は、まず要約に慣れることだ。

STEP① 要約に慣れる

読書ノートの肝は、読んだ内容のアウトラインを描けるかにある。まずは要約に慣れること。

①段落ごとに要約	一度にすべては難しいため、まずは各章、各段落ごとに要約する。
②各段落を繋げる	各段落ごとに作った要約文を、接続詞を入れて繋げていく。
③感想をプラスする	要約文の最後に、自分が読んで感じたことや疑問点を書き出す。

STEP② 他者の目線を想定して書く

自分用であっても、他人が読むことを前提に書くことで、客観性がプラスされた文章になる。

うまい読書ノートの5つのポイント

まとまりのないノートは使い勝手が悪い。５つのポイントを押さえよう。

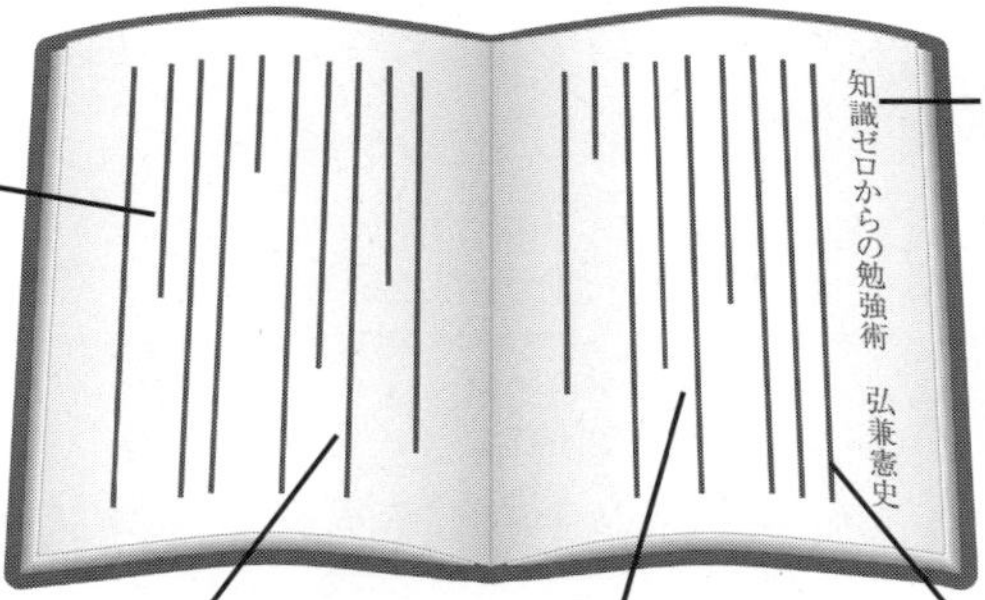

断定する
自分の感想に、はぐらかしは不要。はっきり書く。

書名と著者をタイトルにする
ノートは形式を統一すべき。タイトル周りは書名と著者名のみなど、全ページ同じにする。

難解な表現は使わない
難しい言い回しや熟語は読みにくいだけ。できるだけ平易な言葉で書く。

主語述語は明確にする
主語述語が成立していない文章は悪文。頭とお尻で話がブレないよう注意。

要約文と感想は分けて書く
要約文と感想が交ざると、どこまでが本の内容か把握できない。それぞれ独立させる。

STEP 19

本を活用する⑧

音読で脳の働きを活発化させる

音読の効用

２種類の言語を使う「音読」で脳を活性化させよう。

言 葉

音声言語

耳を経由し、**側頭葉**の聴覚野に入力

↓

意味読解処理

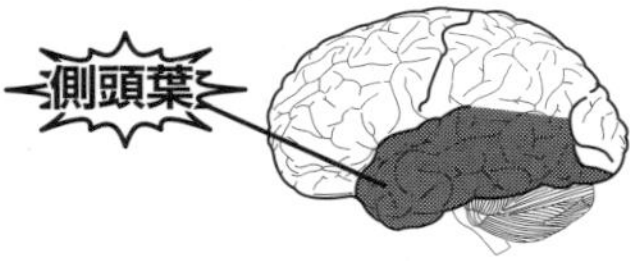

自分が情報を発信する場合は、**前頭葉**の運動野を使用

書字言語

目を経由し、**後頭葉**の視覚野に入力

↓

意味読解処理

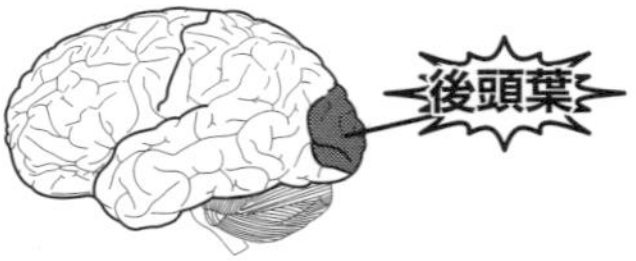

自分が情報を発信する場合は、**前頭葉**の運動野を使用

<音読なら>

書字言語と音声言語を同時に使うため、脳の刺激が大きくなる。すると、記憶や学習を司る前頭前野が活性化する。

参考：『朝刊10分の音読で「脳力」が育つ』
川島隆太（PHP 研究所）

↓

**前頭前野の活性化により、
記憶が定着しやすくなる！**

勉強に効く音読の方法

音読のメリットを活かすなら、覚えたい箇所をしぼること。

①音読する本にマーキングを施す

本の全ページを音読する必要はない。覚えたい箇所、重要なところのみをマーキングする。

②周りの目を気にしない場所を見つける

カラオケボックスやトイレなど、自分が落ち着ける場所でマーキング部分を発声する。

③読みながら体を動かす

身振り手振りを入れると、五感が使われ、より記憶を定着させやすくなる（→P80参照）。

勘定科目の要素は「資産・負債・収益・費用・資本」の5つっと……

●声に出すことで読書効果は格段にアップする。

音読の効果がもっとも上がる時間帯は、脳のプライムタイムである朝だよ!

音読時は、黙読時に比べて脳の使用範囲が広がる。だからこそ、勉強における読書では音読を取り入れたい。

　医学者の川島隆太《かわしまりゅうた》氏は、言葉というものは「音声言語」と「書字言語」の2種類からなるとしている。そして、音読をすると2つが同時に使われるため、脳の前頭前野を活性化させるのだという。

　音読をする際は、本をまるまる1冊読もうとする必要はない。とくに覚えたい箇所をあらかじめマーキングしておき、その部分だけ発声するのだ。すると、脳が活性化し、記憶の定着が図れる。

　音読は脳の活性化のほか、読書力の向上にも役立つとされるため、積極的に行ないたい。

STEP 20

本を活用する⑨

新しい分野への入門書にマンガを使う

資格の勉強でも語学の勉強でも、誰でもはじめは初心者だ。ここでつまずかないための有効な手段として、マンガを入門書代わりに利用することをオススメしたい。

というのも、「○○入門」と書かれた本は、入門と謳《うた》う割には専門用語が頻出し、導入書としては意外と難しいことが多い。ここで興味を失ってしまうと、挫折の原因となり得る。

その点マンガは、膨大な資料と長時間にわたる取材から得た知識を、万人に伝わるよう易しく、かつ面白くなるよう工夫されて描かれている。だからこそ、創作箇所もあるが、テーマの雰囲気や概略をつかむのに最適なのだ。

たとえば、会計の勉強を始めるなら、山田真哉《やまだしんや》氏の『女子大生会計士』(角川書店)、ビジネスや経済について知りたいなら、弘兼憲史氏の『島耕作』シリーズ(講談社)を読めば、それぞれの雰囲気を知ることができる。語学に挑戦するなら、小栗左多里《おぐりさおり》氏とトニー・ラズロ氏の『ダーリンの頭ン中』(メディアファクトリー)を参考にするとよいだろう。

マンガで雰囲気をつかんでしまえば、本格的に勉強をスタートさせたときもスムーズに入っていける。マンガも勉強グッズとしてあなどれない実用書なのだ。

●ビジネスマンにとっても、マンガの利用価値は高い。

マンガのメリットを最大限に利用する

マンガを侮る人は損をしている。初心者には効率のよい勉強法なのだ。

◉難解な専門書にこだわるA氏

・理解できず飽きがくる。
・覚えられない。
・1冊読み切るのに時間がかかりすぎる。

◉入門書にマンガを選んだB氏

・さらっと読める。
・映像的にも脳に残るため記憶しやすい。
・1冊読み切るのも簡単。

「読みやすさ」「記憶しやすさ」「所要時間の短さ」がマンガならではのメリット!

≪勉強に役立つマンガ4選≫

会計学

『女子大生会計士』
山田真哉原作、左菱虚秋作画
(角川書店)

読みやすいが実用書としてのクオリティも十分。会計士を目指す人は読んで損はない。

語学

『ダーリンの頭ン中』
小栗左多里、トニー・ラズロ
(メディアファクトリー)

ネイティブならではの語学や文法についての蘊蓄が豊富。ゆるい絵でなじみやすい。

経済・ビジネス

『島耕作』シリーズ
弘兼憲史
(講談社)

日本だけでなく中国経済やインド経済など外国経済の雰囲気もつかめる。

法律

『特上　カバチ!!』
田島隆原作、東風孝広作画
(講談社)

行政書士が主人公であるため、その世界観を知るのに使える。人気シリーズの続編だ。

STEP 21

新聞を活用する①

記事ははじめのワンセンテンスだけ読む

新聞の文字量＝文庫本の文字量！

新聞１紙のボリュームは、文庫本１冊分に相当する。

新聞１紙（平均）
およそ
20万字
文庫本（300ページ）

時間のないビジネスマンにとってこの文字量を読み切るのは困難な作業！

効率よく読むためのテクニックはないのだろうか？

多忙な中で新聞一紙を読み切るのは難しい。そこで必要な情報だけ瞬時に探し出したいのなら、記事の一文目だけ読もう。じつは新聞には決まりがあり、ワンセンテンスで内容がわかるよう構成されているのだ。いわゆる「５Ｗ１Ｈ」で、「Ｗｈｙ」「Ｗｈａｔ」「Ｗｈｏ」「Ｗｈｅｒｅ」「Ｗｈｅｎ」「Ｈｏｗ」が、この文中に網羅されている。

また、見出し読みも有効だ。映像として記憶できるので記憶に留めやすい。時間がなくとも、見出しだけ目を通しておけば、ひと通りの情報は手に入れられる。本文はより詳しく内容を知りたいと思えるものだけ、読み込めばよい。

新聞記事は読み方次第で時間短縮できる！

記事には構成のセオリーがある。それを理解して無駄な時間をカットする。

早読みポイント1

見出しだけ眺める

見出しで概要だけつかむのは可能。全ページ目を通したければ見出しだけざっと眺める。

早読みポイント2

ワンセンテンスを読む

各記事ともたいてい一文目に本文の内容がまとめられている。ここだけチェックするのも手だ。

日日新聞
2010年（平成22年）
青杉首相
仏大統領と
「結束」アピール

●朝イチに仕入れた情報は、その日にネタとして使うことで知識が定着する。

なるほど今日のマーケットはかなり荒れているな
A社との打ち合わせの口火に使おう

STEP 22

新聞を活用する②

重要度の高い3ページを押さえる

新聞の構成と優先順位を知る

一般紙の構成は各新聞社ともほぼ同じ。まずは特徴をつかむ。

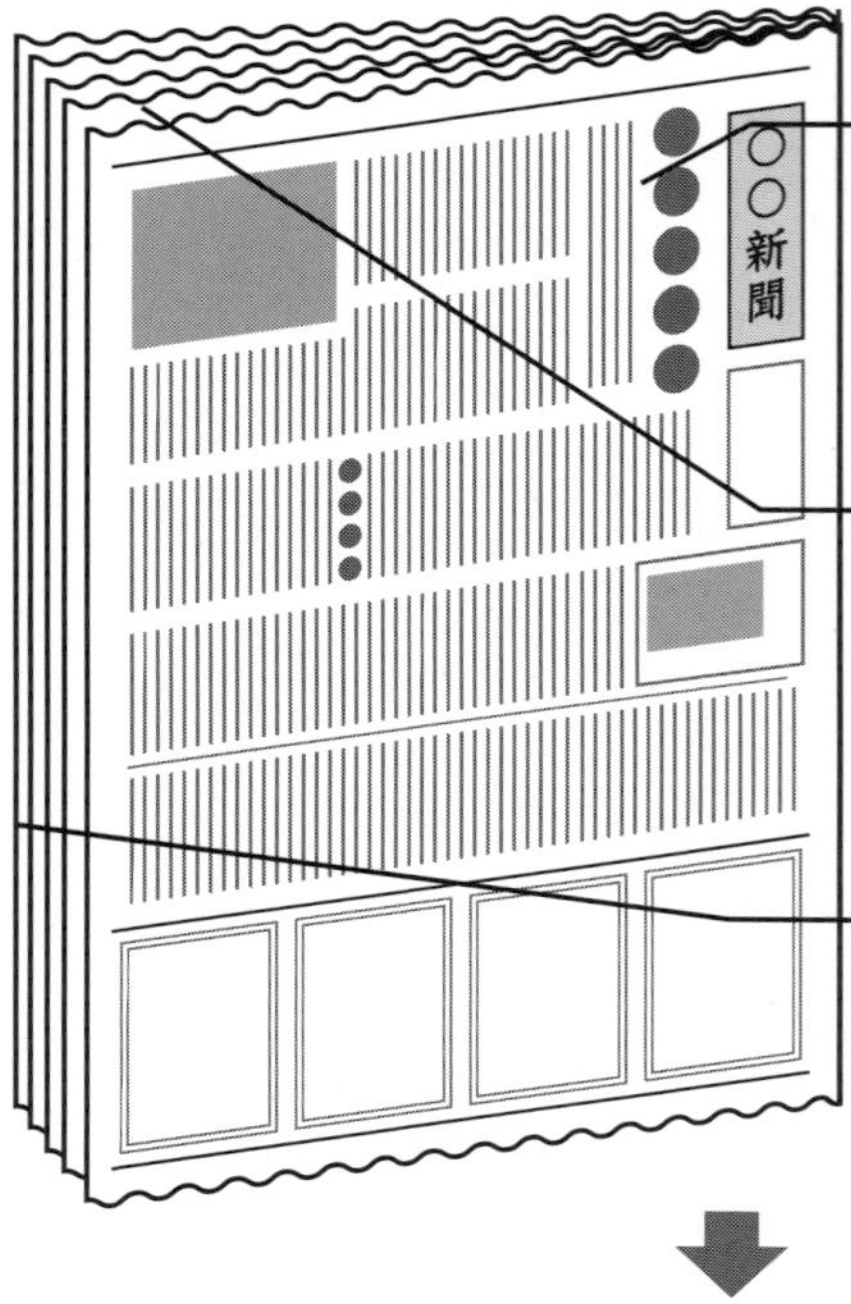

重要度1位

第一面トップニュース

一番扱いの大きな記事は、それだけ重要度も高い。何より押さえておくべき。

重要度2位

第三面一面の特集

トップニュースについての詳細がここに書かれる。情報の補完として目を通したい。

重要度3位

最終ページの裏

時事ニュースの中でも、一風変わった記事が満載のページ。話のネタに使えるものばかりだ。

この3ページは、その日もっともホットな情報！
必ず押さえておきたい

短時間で新聞の時事ネタをひと通り拾いたければ、読む順番に優先順位を設けるとよい。

まずは第一面だ。ここは新聞の顔であり、もっとも重要なニュースが載っている。続いて読むのは第三面。第一面のトップ記事についての特集が掲載されている。3番目に読むのは最終面の裏にあたる、「三面記事」だ。ここには、大きな事件や事故、社会問題などが掲載されている。ホットな情報はビジネス会話のネタになる。

もう一歩踏み込んで、残りは奇数ページに注目したい。日本の新聞は奇数ページに重要な記事が集中する傾向があるからだ。

3分で新聞を読む方法

優先順位を把握したら、池上彰氏提唱の3分新聞読破術を実践してみよう。

STEP 1 第一面の目次を読む

第一面の新聞タイトルの下に書かれた目次で、その日のトピックスをひと通り確認。

STEP 2 第一面記事の見出しを眺める

トップ記事にざっと目を通したあとは、見出しだけ見る。これで第一面を攻略。

STEP 3 三面記事で社会情報をチェック

テレビ欄裏の社会情報ページを粗読みする。世の中の注目のキーワードなどが見つけられる。

STEP 4 奇数ページの見出しを読む

奇数ページに掲載されているのは重要なネタばかり。見出しだけざっと眺めて終了。

POINT

どの紙面もページの右上から見ること。たいていそこに載る記事が紙面の中で一番重要なものなのよ。

一口メモ

重要な記事が奇数ページに配置される理由

日本の新聞は右開きに作られているため、めくると自然と視線が左ページに向く。その日の動きを見越して奇数ページに重要記事が、偶数ページに広告が集中している。

一覧性と充実度を求めるなら情報は新聞で得よ

新聞以外のメディアの特徴

利便性や理解のしやすさを求めるなら新聞以外のツールが強い。

◉インターネットのニュース

速報性 No.1
ただし、情報は
玉石混淆

メリット

- **速報性**
  情報掲載の速さはメディアの中で一番速い。
- **情報量の多さ**
  字数に制限がないため、情報量が豊富。

デメリット

- **記事の扱いが不明確**
  すべての記事が同一に扱われるため、重要度がわからない。
- **情報に偏りあり**
  速報性が優先され、記事の公平さに欠く。読者の見極めが肝心。

◉テレビのニュース

万人向けで
わかりやすいが
情報に厚みがない

メリット

- **理解しやすい**
  音声・映像の２つの情報で発信されるため、わかりやすい。
- **繰り返し放送される**
  朝見逃した情報も、昼や夜のニュースで繰り返されるため見られる。

デメリット

- **情報が浅い**
  同じ情報だけが、繰り返し放送されていて、追加情報に乏しい。
- **時間のロスが多い**
  拘束時間が長い割には、内容を深く知ることができない。

新聞には新聞ならではの持ち味がある！

ほかのメディアにはないメリットが新聞には多くある。

①記事のプライオリティが明確

記事の扱いの大きさが視覚で確認できるため、重要度がはっきりする。

②一覧性がダントツ

目に入る情報量が多く、見出しを眺めるだけで一度に内容が把握できる。

③編集力が高い

字数やレイアウト上の制限があるため、もっとも適切な表現になるよう吟味されている。

④社会の動向が見える

自分の興味のあるページ以外の情報も目に入るため、社会全体の動向をとらえられる。

POINT

各紙基本は同じだけど、性格は異なる。複数紙読み比べれば客観性も高まるよ。

最近は、オンラインでもニュースが簡単に読める。だが、記事の扱いの大きさがどれも同じため、そのとき重要なニュースがどれなのか目で判断するのは難しい。

その点、新聞なら記事の大きさで重要度が理解できる。また、新聞ならではの特徴である一覧性は、新しい発見や気づきを促す。

さらに、限られた紙面の中で伝える必要があるため、厳選された内容が記事になるという点も、ネットに勝る。

こうしたニュースの価値や社会の動きが把握しやすいところこそ、新聞のメリットといえる。ただし、記者の視点が入るため、表現に偏りが出ることもあるので、複数紙を読み比べるのがベストだ。

STEP 24

新聞を活用する④

スクラップはすぐに作らず1週間寝かせる

当日スクラップは使いにくい

片っぱしから記事をスクラップするのは無駄だ。

あなた 毎日 何をコソコソ やってるの?
新聞記事の キリヌキだよ あとで スクラップブックに するんだ

◉当日スクラップのデメリット

1. 毎日時間をとられるため、時間を浪費してしまう
2. 作ることで満足し、読み返さない
3. 本当に重要な記事とそうでない記事が交ざる

↓

スクラップブックの量だけ増えて質が上がらない!

気になった新聞記事をスクラップするコツは、1週間程度寝かせることだ。そうやって冷却期間を設けると、ニュースのその後の流れや結末といった追加情報が加味されるため、本当に保存すべき記事なのかどうかの判断がしやすくなる。

スクラップの際には、2つの封筒を用意し、ローテーションで保存用と追加用を使い分ける記事整理法が有効だ。1週間たったら、封筒から取り出して、必要なものだけを選び、ファイリングする。このとき、記事1つにつき1ページと規格は統一しておきたい。読み返しが格段に楽になる。

よいスクラップの基本は「寝かせること」

記事を寝かせる期間を作業工程に組み込んでおけば、判断も下しやすい。

STEP 1 2種類の封筒を用意する

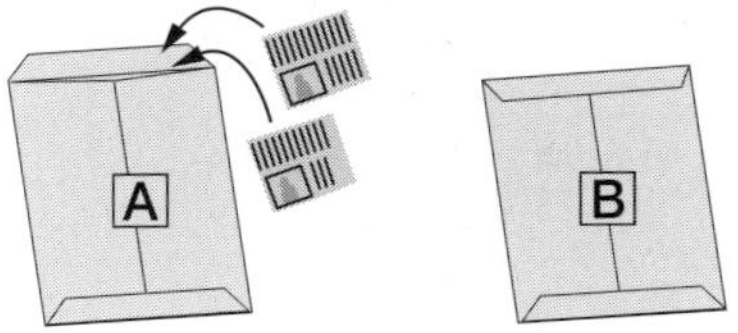

1週目は、Aの封筒に「これは」と思った記事を入れていく。Bの封筒は触らない。

STEP 2 Aの封筒を寝かせる

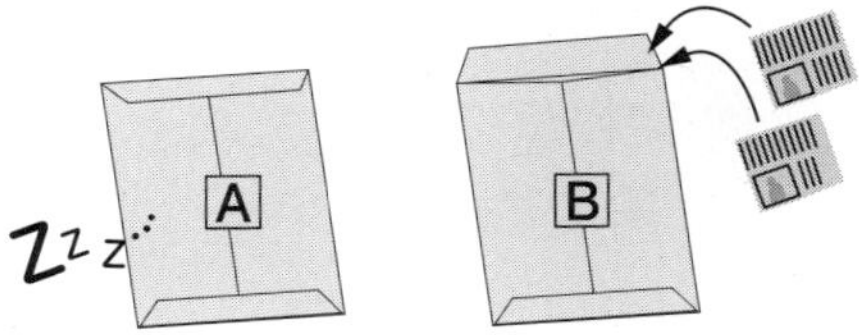

2週目は、Bの封筒の中に候補の記事を入れていく。Aの封筒は触らない。

STEP 3 寝かせた記事を取捨選択する

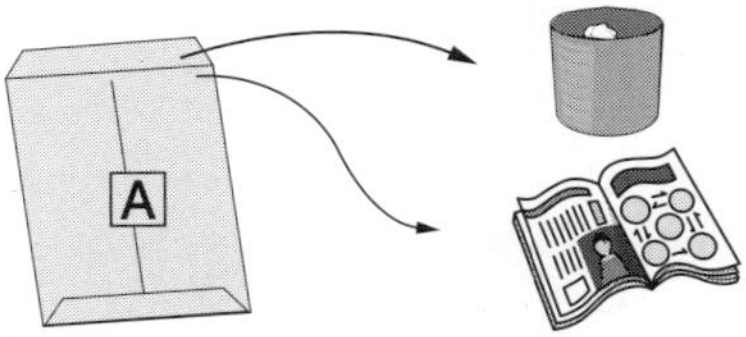

2週目の週末に、Aの封筒を開封。追加情報を加味して取捨選択し、ファイリングする。

STEP 4 Bの封筒を寝かせる

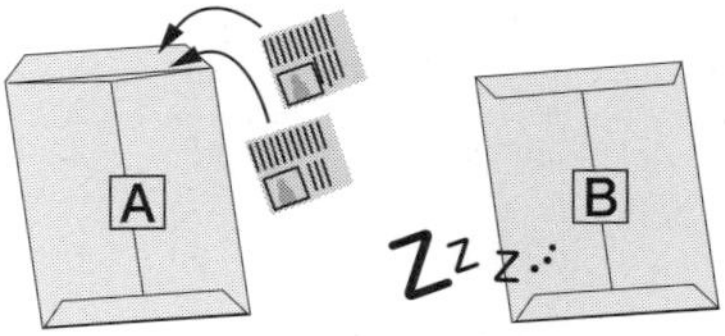

3週目は、カラになったAの封筒に記事を入れていく。Bの封筒は触らない。

STEP 5 寝かせた記事を取捨選択する

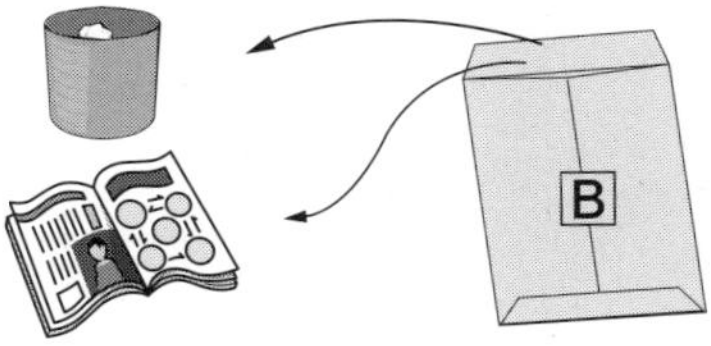

3週目の週末にBの封筒を開封。追加情報を加味して取捨選択し、ファイリングする。以後、このステップを繰り返す。

STEP 25

機関・インターネットを活用する①

曖昧な情報は図書館で調べる

図書館の強みを知る

インターネットは万能ではない。それを見極める目を持とう。

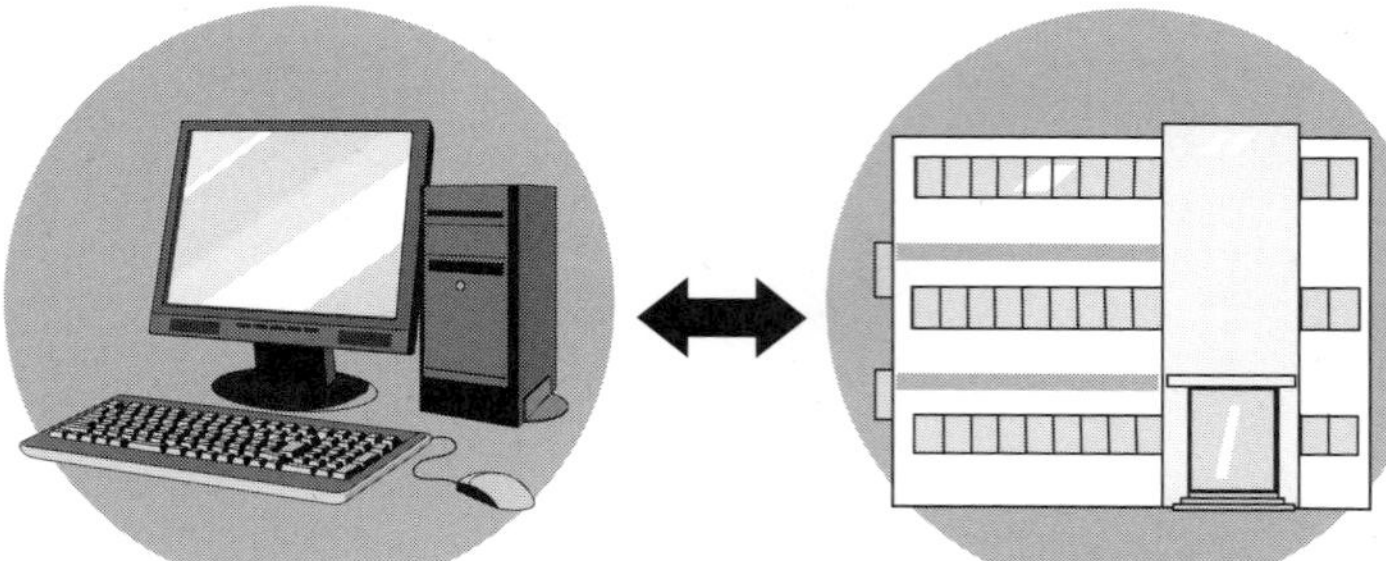

◉インターネット

・情報整理が曖昧

・内容の精度に疑問あり

・過去記事にリンク切れが多い

◉図書館

・情報が整理されている

・内容がよく精査されている

・過去の資料も充実している

図書館ならではのメリットを使いこなし、情報収集を効率よく行なう!

最近はネットで情報を収集する人が多いが、調べたい対象が漠然としているときは図書館を利用する方が効率がよい。たとえば、弁護士の誰々氏について調べたいというのならネットで十分だが、弁護士全般について勉強したいというのなら、図書館がベスト。

レファレンスサービスを利用すれば、専門の相談員が情報収集のサポートをしてくれる。また、玉《ぎょく》石混淆《せきこんこう》のネットに比べ、一般に図書館に置かれた本は信頼性が高いのも魅力。そのほか、返却期限をもとに勉強計画を立てるのもオススメ。勉強しようという気持ちが生まれ、自然と学習にリズムがつく。

返却期限で学習にリズムがつく！

図書館ならではのメリットを活かした利用術で、勉強のリズムを作る。

◉返却期限から時間を算出して計画を立てる勉強法

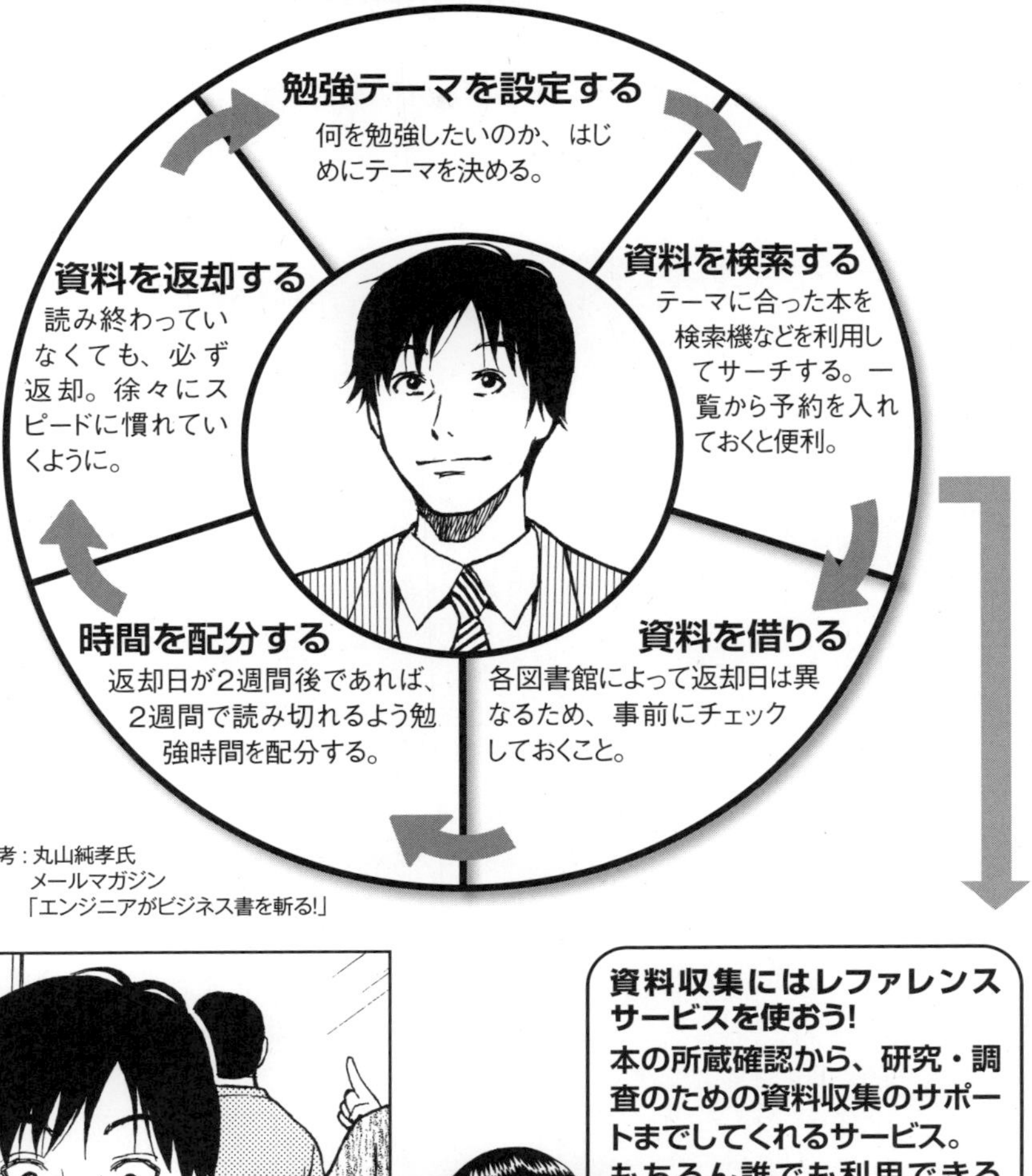

勉強テーマを設定する
何を勉強したいのか、はじめにテーマを決める。
資料を検索する
テーマに合った本を検索機などを利用してサーチする。一覧から予約を入れておくと便利。
資料を借りる
各図書館によって返却日は異なるため、事前にチェックしておくこと。
時間を配分する
返却日が2週間後であれば、2週間で読み切れるよう勉強時間を配分する。
資料を返却する
読み終わっていなくても、必ず返却。徐々にスピードに慣れていくように。

参考：丸山純孝氏
メールマガジン
「エンジニアがビジネス書を斬る!」

資料収集にはレファレンスサービスを使おう!
本の所蔵確認から、研究・調査のための資料収集のサポートまでしてくれるサービス。もちろん誰でも利用できるし、無料なのが嬉しい。

STEP 26

機関・インターネットを活用する②

専門知識や論文はネットで原書に当たれ

論文入手のための手段

知識を深めるのに役立つ論文だが、その入手は簡単ではない。

入手ルート① 図書館で探す

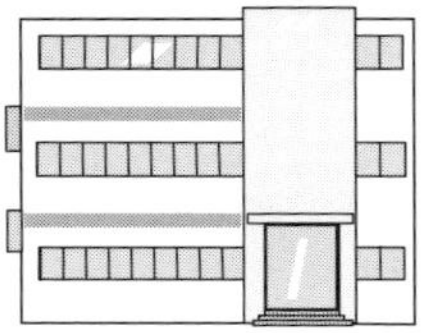

大学図書館などであれば、専門的な資料も入手可能。

↓

部外者は手に入れにくい

入手ルート② 書店で探す

○○BOOK

基本的に書店では論文の取扱いはない。古典なら少量あり。

↓

入手ルートとして不適格

入手ルート③ ネットで探す

古典から最新の論文まで幅広く揃っている。

↓

ほぼ確実に入手可能!

なんだ パソコンを使えば 一発じゃないか！ これはラクだな

ネット検索による論文入手のメリット

論文検索の中では、Google の「Google スカラー」が使い勝手バツグン。

メリット 1　無料で誰でも利用できる

通常の検索と同様に、ネット環境さえ整っていれば世界のどこからでも無料で利用可。

メリット 2　検索が簡単

キーワードごとにインデックス化されているため、関連資料が一度にサーチできる。

メリット 3　余計な記事に当たらない

広告やブログなど、論文以外のサイトにはヒットしない仕様になっている。

メリット 4　原書で全文見られる

基本的にほぼすべての資料が全文表示可能。オリジナルの文章が手に入る。

POINT

ネットなら、論文のほかに『種の起源』などの超古典のテキストも、無料で読めるよ!

ネットが情報収集の際にもっとも活躍する場となるのが、論文検索だろう。じつは現在、膨大な数の論文がオンライン上で公開されており、その多くが無料で読むことができるのだ。

とくに、Googleの論文検索サービス「Googleスカラー」では、世界中の学位論文や専門の書籍、テクニカルレポートといった学術的な文字資料がサーチできるため、専門知識を深めたいときにおおいに役立つ。

また、ダーウィンの『種の起源』などの古典も、ネットを使えば原書のテキストを無料で読むことができる。図書館や書店にはない、専門知識に関する調べものも、インターネットならわけもない。

STEP 27

機関・インターネットを活用する③

オンラインで自宅を予備校にする

自宅を予備校に変える通信講座

オンライン講座なら、好きな時間に最新の勉強ができる。

<オンライン講座のメリット>

時間に縛りがない

受講時間に決まりがないため、ライフスタイルに合わせて学習できる。

用意するものはPCのみ

ネット環境が整ったPCさえあれば、ほかに用意すべきものはない。

コンテンツが豊富

語学や資格など、自分が好きなジャンルからコンテンツを選ぶことができる。

双方向性あり

たいていどの講座にも専任の講師がつくため、独学と違いアドバイスをもらえることも。

スクールより安価

予備校や講座に行くより、比較的コストが安い。

学習のリズムも独学より作りやすいよ!

予備校に通って勉強したいのに、通学時間がとれないという人は、ネットを活用してオンライン通信講座を受講するのも手。「eラーニング」をはじめとしたこれらの講座は、自分のリズムで学習できるのが最大の魅力である。教材もサーバーを通じて、常に最新のものが取得できる。料金もテキストやCDが送られてくる通信講座より安いケースが多い。

このほか、定期的に配信されるメールマガジンを使う学習法もある。携帯電話のメルマガなら移動中の勉強に最適だ。検索をするとさまざまなサイトにぶつかるはず。色々と試してみるとよい。

通信講座以外のオンライン学習法

オンラインを使った勉強は、通信講座以外にも豊富にある。チェックすべし。

今日のセクションは難しいな！

学習法1　メルマガ学習法

各分野の専門家による、学習法のヒントや、試験の傾向などが配信されるメールマガジンに登録する。

学習法2　ニュースサイト学習法

海外向けの検索エンジンでニュースサイトをチェック。語学力を上げたい人にはちょうどよい。

学習法3　投稿サイト学習法

試験合格者や試験挑戦中のユーザーが、過去の問題の傾向や、押さえるべきポイントを投稿するサイトで、最新情報を入手。関連項目を最低限覚える。

POINT

ネットなら、SNS サイトなどで同じ目標を持つ勉強仲間も作れるよ!

一口メモ

携帯電話で試験に挑戦する

ここ数年、携帯電話を使っての過去問題や模試に挑戦できるサイトが人気だ。移動中やスキマ時間での学習に便利である。

「携帯で資格ゲット モバイルアカデミー」
http://mbac.jp/catalog/default.php

COLUMN 2

やはり少し照明が暗すぎたかな……
なんだか目が痛くなってきた
これ以上は　今日はやめておこう
ブッブッ

◇学習の効率を上げる照明の選び方

テキストを読みながらラインを引く。参考書の内容をノートにとる。そして、問題集にチャレンジする。こうした勉強のあいだに酷使されるのは、脳や手以上に目だ。

眼精疲労は集中力を低下させるため、勉強環境を整えるときには、照明器具にもこだわりたい。室内灯だけでなく、スタンドライトを使い、手元が２００～４００ルクスになるようにするのがベストだ。

スタンドライトの電球は白熱灯が最適で、１００ワットでちょうどよい明るさ。ただ、あまり電球が近いと熱で頭がボーッとしてくるので、光源の距離の調節は必要である。

また、スタンドライトがあっても室内灯を消してはいけない。視線を動かしたときの明暗の差も、目を疲れさせる原因となるのだ。

Chapter 3

第３章
勉強脳を育てる思考習慣

STEP 28

インプット力を向上させる①

復習は最低3回する

どれだけ長い時間を暗記に費やしたとしても、覚えたことをすっかり忘れてしまっては、勉強したとはいえない。

とくに、資格取得のための勉強は、覚えるべき用語や用例の数が膨大である。そのため、次から次へと新しい知識を詰め込まなくてはならないため、暗記力がおおいに試される。

ところが人間の脳は、一度の記憶で覚えることができない。詰め込めば、詰め込んだだけ情報が上書きされていき、古いものから消えてしまう。

これでは勉強の意味をなさない。記憶の定着を図るには、とにかく復習すること。ただし、そのタイミングが重要で、忘れた頃にやっても遅いし、毎日続けていては新規の学習が一向に進まない。

そこでまずは、学んだ翌日、そしてその1週間後、さらにその1ヶ月後と3段階に分けて復習する。

このとき、1週間後の復習時にだいぶ忘れてしまい、もう一度一から学び直す必要があるなと感じたら、このタイミングがあなたの脳に合っていない証拠と考える。

次からはそれより早めて4日後に復習をしてみるなど、2回目・3回目のタイミングを縮めていく。繰り返すうちに、自分に合ったタイミングが見つけられる。

一口メモ

短期記憶と長期記憶

人間の記憶は、おおまかに短期記憶と長期記憶に分けられる。一時的に保管される記憶を短期記憶といい、復習によって定着した記憶を長期記憶という。

「復習」は記憶定着の鍵

復習の大切さはわかっても、最適なタイミングの見極めは難しい。

うーん
半分くらいは
覚えているけれど
これはもう一度勉強し直す
必要があるな

✕ダメな事例1

毎日復習する
勉強した翌日、その翌日と毎日復習を繰り返す。

↓

定着はもっとも強固になるが、先の勉強に進めない。

✕ダメな事例2

1ヶ月後に復習する
勉強してから復習までの期間を1ヶ月あける。

↓

期間をあけすぎると、記憶が抜ける。一から学び直す必要あり。

勉強を進めながら、記憶を定着させるのに理想的なタイミングは？

①勉強の翌日にチェック

翌日の復習では、忘れている部分はほぼないはず。前日の勉強成果を確実にするつもりで。

②勉強の1週間後に再チェック

8割程度覚えていれば優秀。忘却分を中心にたたき込む。

③勉強の1ヶ月後に再チェック

7割覚えていられればOK。忘却分を中心としながら、同時に覚えている部分のダメ押しもしておきたい。これでほぼ定着が可能だ。

この3回を目安に!

ただし、復習のタイミングは個人によって異なる。忘れている部分が多すぎたら短縮し、自分に合ったタイミングを探していこう。

STEP 29

インプット力を向上させる②

覚えたい用語はエピソードをつける

意味記憶とエピソード記憶

記憶の仕方は、「意味記憶」と「エピソード記憶」に大別できる。

◉意味記憶

知識として脳に蓄積していく記憶（言語記憶のみ）。

↓

反復しないと抜けてしまう。

◉エピソード記憶

自分の経験や感情に関連した記憶（映像記憶あり）。

↓

経験とともに記憶が定着する。

↓

感情がプラスされる分、エピソード記憶の方が覚えやすい！

勉強の基本は記憶することにある。土台となる知識を身につけなくては、先へは進まないため、効率よく記憶する方法を確立すべきだ。

記憶の仕方は、「意味記憶」と「エピソード記憶」に大別できる。意味記憶はいわゆる知識で、言語での記憶をいう。一方のエピソード記憶は、自分の経験に関連した記憶をさし、映像記憶も伴う。

結論からいえばエピソード記憶の方が記憶に残りやすい。

たとえば通勤電車内で覚えたい箇所があれば、頭の中で繰り返しながら外の景色を眺める。すると、記憶に映像がプラスされ、忘れにくく、思い出しやすくなるのだ。

エピソード記憶の学習例

エピソード記憶として定着させるには、自分の感情をからめる必要がある。

●楽しい思い出はとくに記憶に残りやすい。

エピソード記憶法１　BGMを流す

勉強をしながら曲を流すことで、曲の旋律とともに覚えた内容を脳に刷り込む。

エピソード記憶法２　景色を眺める

覚えたいと思ったところで、外の景色を眺める。情景と一緒に脳にインプットされる。

エピソード記憶法３　人に話す

「人に話す」という体験そのものを思い出とし、友人の服の色や表情などとともに脳に刷り込む。

エピソード記憶法４　小道具を使う

扇子やぬいぐるみなどを見つめながら覚え、その姿と一緒に脳に刷り込む。

エピソード記憶は強固だけど、何度も同じ方法をとっていると脳は飽きる。ときどき変化をつけよう。

STEP 30

インプット力を向上させる③

ノートは保存の必要性の高いものだけにしぼる

スキルアップを目指す人にとって、必ず習慣化しておきたいのが、メモどりである。

書くという動作は、書き出す内容を事前に頭に描く必要があるため、考える力をつけるのだ。

まず、書き出す前に情報の取捨選択をするため、頭の中で整理しようとして「考える」。その上で実際に書き出し、アウトプットされたメモの情報を見て、さらに新たなアイデアをひねり出そうと、「考える」ことができる。

だからこそ、ひらめきや感想など、思いついたことを何でもメモにとるクセをつけたい。こうした書きグセは、勉強力だけでなく仕事力の向上にも繋がるため、ビジネスマンにとっては必要なスキルの一つといえる。

ところが、そのときいいアイデアと思っても、あとで見返すと、そうでもないことも多い。

そこで新聞のスクラップ作りと同様に、一定のサイクルを決め、たまったメモを精査する時間をとること。この冷却時間が頭をクールダウンさせ、本当に必要なものかどうかを冷静に判断できる一助となるのだ。こうして重要だと思ったものはノートに写す。

このように、保存すべきか否かを見極める過程も、頭を鍛えるよい訓練となる。

あれ、
メモはどこに
やったっけ？

押さえておきたいメモどり術

あとで見返した際に理解しやすいよう、メモには規格を設けたい。

①日付・タイトルは明確に

内容に見合うタイトルをつける作業は思考力を育てる。日付は見直しの際、記憶を引き出しやすくする。

②数字・名詞は正確に

数字情報や固有名詞の間違いはメモとしての機能を果たしていない。必ず確認をとること。

③事実のみを記す

そのときに芽生えた感情など、主観的な内容は書かない。メモは客観性を持った状態を保つ。

教えて下さい メモします
投資信託とは ね……

いるメモといらないメモを精査する

活きる情報になるかどうかの見極めに冷却期間は必要。

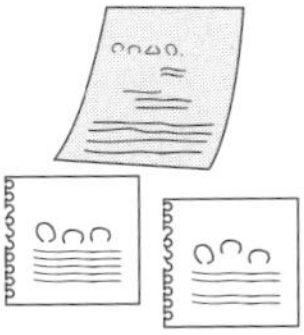

①メモは1週間キープ

新聞スクラップ同様、すべてのメモが保存用として適切か見極めるため、寝かせる。

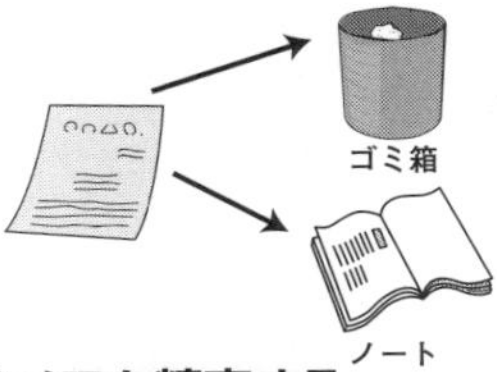
ゴミ箱
ノート

②メモを精査する

1週間後にメモを見返し、必要な分だけノートに転記。転記が済んだらメモは廃棄する。

③自分の感想を入れる

改めて情報を見返しての自身の感想を追記する。のちのアイデアに繋がるように。

POINT

「精査」と「感想の追加」という工程が、保存用ノートを作る上での肝。じっくり考えて行なおう。

STEP 31

インプット力を向上させる④

ルーズリーフ型ではなく大学ノートを使う

ノートの種類と特徴

大きく２種類に分類されるノートのよし悪しとは？

ルーズリーフ型

差し替え作業ができるため、あとあと分類し直したいときに便利。ただし、紛失しやすいため注意する。

大学ノート

時系列で書き込んでいくため、ファイリングの苦手な人に最適。誰にとっても使いやすい。

ファイリング技術に自信のない人は、無難な大学ノートを選ぶべき！

学習用のノートとして、ルーズリーフ型を選ぶか、一般的な大学ノートを選ぶかも、その後の勉強効率を左右する重要な要素だ。

たとえば、情報整理に自信がある人なら、あとからカテゴリ別に分類し直せるルーズリーフ型でも問題ない。しかし、整理ベタな人が使うと、分類の仕方を間違えて、かえってわかりにくくしてしまう。

そうしたリスクを避けるため、まずは大学ノートを使う。時系列でたどれるため、学習した記憶を呼び覚ましやすい利点もある。

ノートのサイズはＡ５が手頃だ。持ち運びも楽で、書くスペースも十分あり、使い勝手がよい。

学習ノートのとり方「五箇条の法則」

よいノートの条件は、汎用性があるかどうかだ。

書き出しを統一する
日にちやタイトルなど、書き出しを統一すると、読み返しやすい。

見開きで完結させる
日にちをまたぐのは、混乱のもと。必ず見開きで完結する。

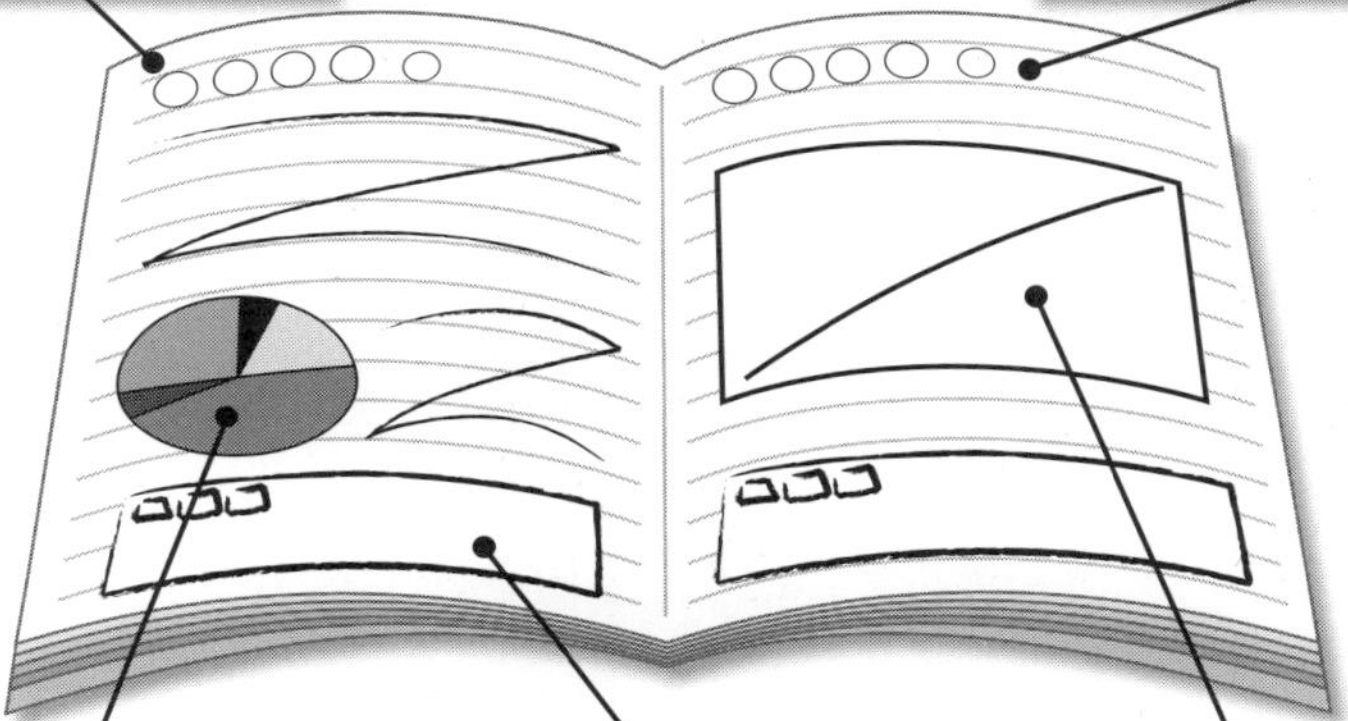

図や表を入れる
視覚情報は映像記憶として記憶しやすい。覚えたいところに入れる。

色は使いすぎない
本当に重要な箇所のみカラーペンを使用する。使いすぎは見づらい。

プリントを貼る
転記よりも詳細情報が欲しいときは、元資料を貼る。

よし うまくまとまった!

ノートは2ページ目を使いはじめとする。はじめの1ページは、使い終わりの際、インデックスの記入に使おう。

STEP 32

インプット力を向上させる⑤

コピーや資料はどんどん貼る

「書く」という行為が学習効果を高めてくれることは前述の通りだ。しかし、勉強をする際には、参考書や辞書など読まなければならないものはたくさんある。

それらの資料をいちいち書き写していては、キリがない。かといって『六法全書』などの分厚い書籍を常に携帯するわけにもいかないだろう。

そこで、必要な部分だけをコピーして、ノートに直接貼ったり、はさんでおく方法をとりたい。

量が多ければ、資料単位をクリップで留めて、関連項目のコピーだけを集めた自分専用の資料集を作ってしまうのも手だ。

ただし、コピーをとる際には、どの本の何ページなのかといった基本情報の明記を忘れずに行なうようにしておくこと。

いざ原本で関連する事項を調べたいと思ったときに出典がわからなくなってしまっては、もう一度探さなくてはならず、非効率的だ。

こうした資料のコピーのほか、新聞記事やリーフレットのキリヌキを貼るのも有効。カラーページは視覚にうったえるため、記憶も定着しやすくなる。

また、書き写しの際には省略してしまうような情報も、原本のコピーならそのまま活きるため、内容の充実面も強化される。

これだけ持ち歩くのはきついな
必要箇所だけコピーをとってこよう

ノートは「貼る」ことで充実する

参考書など、転記に向かないものはコピーをとろう。

貼った方がいいものと
貼らなくてもいいものの
選択作業も頭の
トレーニングになるな

貼るメリット1

視覚情報が充実する
色鮮やかなリーフレットなどを貼ると、目に入りやすい。映像記憶として脳に入れられる。

貼るメリット2

データベース化しやすい
雑誌記事のバックナンバーなど、統一した情報を貼ると、のちのちインデックスがつけやすくなる。

貼るメリット3

内容が深くなる
転記するまでではないけれど、という情報も、元資料ならそのまま活きる。その分内容も深くなる。

POINT

コピーはA4サイズに統一しよう。ノートがA5であれば1回折ってジャストサイズだよ。

一口メモ

出し入れしたい資料のためのポケットの作り方

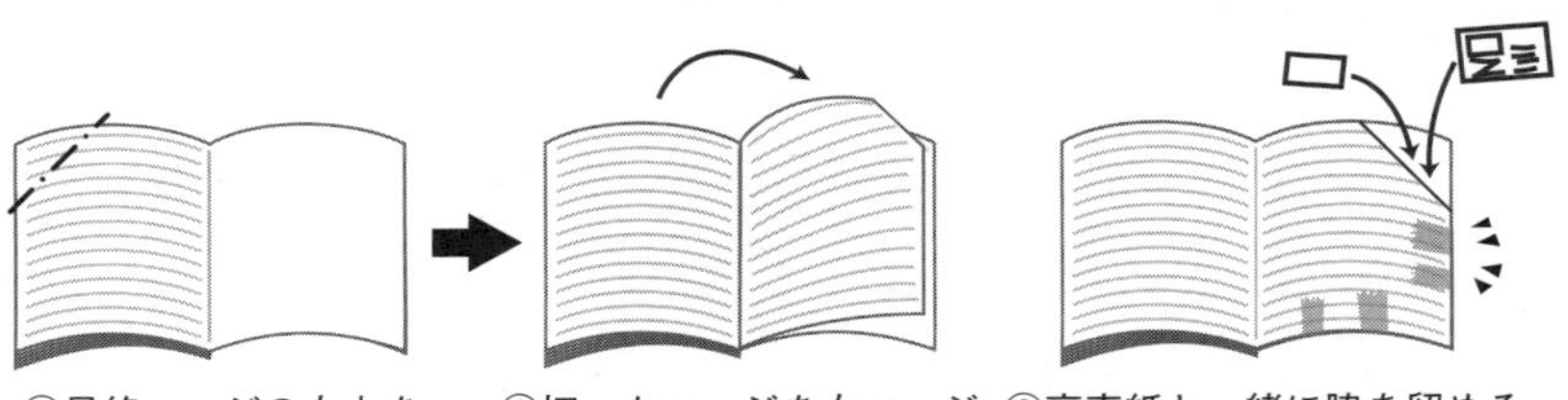

①最終ページの左上をカットする。

②切ったページを右ページ（裏表紙）に折り返す。

③裏表紙と一緒に脇を留める。これで簡易ポケットの完成だ。

名刺など、貼るのをためらう資料は、ノートの最終ページを利用したポケットで保管する。奥《おく》野《の》宣《のぶ》之《ゆき》氏が『情報は1冊のノートにまとめなさい』（ナナ・コーポレート・コミュニケーション）で紹介している方法だ。

STEP 33

インプット力を向上させる⑥

五感(モダリティ)を使って全身で覚える

モダリティとは何か?

人の五感や心の中の動きは、モダリティの一種だ。

視覚
五感の一つで、目に見える感覚のこと。

嗅覚
五感の一つで、鼻から得たニオイの感覚のこと。

味覚
五感の一つで、口にした物の味を評価する感覚のこと。

聴覚
五感の一つで、音の情報を耳から得たときの感覚のこと。

触覚
五感の一つで、体の表面から受けた刺激に対して起こる感覚のこと。

心的態度とは、心の中に生じた気持ちのこと。

↓

五感や心的態度などの体の機能を総括して“モダリティ”という。

一口メモ モダリティを使った記憶法が効果的なワケ

じつはモダリティを統合する場所と、記憶を蓄える場所は、ともに脳内の側頭連合野という部分で共通している。だからこそモダリティを利用した記憶法だと定着しやすくなるのだ。

モダリティ
=
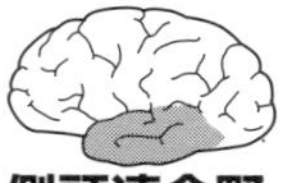
側頭連合野
=
記憶を蓄える場所

モダリティを使った学習法

書く・読む・声に出すなど、五感を使ってみよう。

STEP 1

テキストや参考書を「読む」

視覚を用いた学習法。この段階では声に出さなくてOK。

STEP 2

ノートやカードに「書き写す」

書く作業で、頭の中の情報を整理する学習法。

STEP 3

書き写した内容を「声に出す」

音読を用いた学習法。脳の働きを活発にする（→P50参照）。

STEP 4

自分が声に出した情報を「聴く」

聴覚を用いた学習法。耳から入る情報は、長時間でも集中できる。

人間の記憶を司るのは、いうまでもなく脳だが、困ったことに脳は飽きやすいという性質がある。つまり、勉強をするにも、同じ方法を繰り返すと、学習効果は徐々に低下してしまうのだ。

そこで、視力や聴力といった、人間の肉体のさまざまな機能を使った、いわゆるモダリティを駆使した記憶法を試してほしい。

たとえば、まず参考書を「目」で読み込む。次に「手」を使って書き写し、ノートを作成する。さらにその学習ノートを、「口」を使って音読する。そして発声する自分の声を「耳」から聞くのだ。

こうして同じ内容を、形式を変えて記憶することで、より確実にものにできる。

STEP 34

インプット力を向上させる⑦

集中力をアップさせるにはインフラ整備が必須

勉強をいくら続けても、その成果が出せないという人は、少なからずいる。それは、資格取得であれば、合格してやるという意志に欠け、今一つ真剣な気持ちが足りないのかもしれない。

こうしたときには、脳科学者の茂木《もぎ》健一郎《けんいちろう》氏が提唱する勉強法を試してみてはどうだろう。

茂木氏は、暗記しよう、記憶しようというとき、もっとも必要なのは集中力だという。この集中力を欠いた勉強は、いくら時間をかけても身につかないというのだ。

では、その集中力を生み出すものは何かというと、「速さ」「分量」「没入《ぼつにゅう》感」である。

「速さ」は、勉強のスピードを極限まで上げること。問題集の設問1問につき、解答時間をできるだけ短縮する。

「分量」は、問題をひたすら解き続けるなど、勉強量を多くし、一息つく間を作らないようにすることをさす。やるべき内容が多ければ、その分集中力は高まる。

「没入感」は、勉強に夢中になること。夢中になるための基礎としては、やろうと思った瞬間に勉強をスタートできる瞬発力をつけなくてはならない。そのための補助として、常に机の上に参考書を広げたままにするなど、インフラの整備をしておくとよい。

一口メモ

没入感は人がイキイキする感覚

東京芸術大学大学院教授の佐藤雅《さとうまさ》彦《ひこ》氏は、人間がある状況におかれたとき、イキイキと喜びを感じながら熱中する姿を「ステュディオス」と表現している。茂木氏はこの感覚こそ「没入感」だという。

没入感は心理状態に左右される

勉強に集中できるかどうかは、心理的障壁の大きさも関係する。

うーん
これから勉強を始めるのは面倒だな

BAD CASE

勉強を始めるまでの手続きが面倒

勉強道具がすべてしまい込まれている、机の上が散らかっていてノートが開けない、など。

↓

心理的障壁大

よし今日はこのパラグラフからスタートだ

GOOD CASE!

勉強を始めるまでの手続きが短い

勉強道具がすぐ取り出せる、机の上がきちんと整理されている、など。

↓

心理的障壁小

心理的障壁を減らすためのインフラ整備

すんなり勉強の態勢へ持っていくには、環境を整えておくことも重要だ。

机に参考書を広げたままにする

机に座ったらすぐに勉強が開始できるよう、準備を整えておく。

勉強時に流す曲を決めておく

「勉強するときはこの曲」というようなテーマソングを決め、流す。

作業をリストアップしておく

これから何をすればいいのかを、ひと目でわかるようメモ書きしておく。

POINT

人は環境によって心理状態が変化する。自分にとってやる気を生み出しやすい状況を作っておこう。

STEP 35

アウトプット力を向上させる①

懸賞論文に積極的に応募する

勉強の多くは、知識を身につけていく作業で、いわばインプットの時間に費やされる。

そして、時間と本人のやる気さえあれば、いくらでも情報を吸収することはできる。しかし、それなら、ただの容量の大きいパソコンと同じだ。

重要なのは、インプットした情報をどう整理・分類し、形を作ってアウトプットするかにある。

こうしたとき、よいアウトプットの場としてオススメしたいのが、懸賞論文への応募である。

じつは懸賞論文には多くのメリットがあるため、アウトプット習慣をつけるのに効率がよい。

まず、論文のテーマが決まっているため、調べるポイントがしぼりやすく、まとめるのが容易だ。そして何よりも懸賞つきという、ご褒美の存在が、モチベーションを高め、「やろう」という意欲を燃やさせる。

いきなり論文では、ハードルが高すぎるというのなら、身近なところで新聞や雑誌への投書から始めてみたい。

物質的なご褒美はないが、論文応募への練習になるし、自分の書いた文章が掲載されれば大きな励みにもなる。

蓄えた知識は、広く世に出してこそはじめて意義を持つのだ。

一口メモ

新聞への投書もよい勉強法

新聞への投書は編集者にタダで文章のチェックをしてもらえるチャンス。掲載されるコツは次の2つだ。
①掲載された記事に対する意見を送る。
②できるだけ早いレスポンスを心がける。

編集者は世間の「反響」を求めている。記事に対する読者の声には、飛びつく傾向がある。

懸賞論文への応募は「書く力」を鍛える

懸賞論文はモチベーションがもっとも高まるアウトプット法だ。

今回の論文大賞は渡辺健一さんです
第21回朝毎新聞主催論文大会受賞式
おめでとう
パチ
パチ
パチ
パチ
パチ

●頑張りの成果を認められると、人はますますやる気が上がる。

◉懸賞論文へ応募するメリット

①テーマが明確

論文にはたいていテーマが決められている。何を書けばいいのか迷わない。

②モチベーションが高まる

ご褒美が待っていると思えば、自然とやる気も高まるものだ。

③知識を体系化できる

アウトプットにあたり、自身の知識を順序よく組み立てる好機となる。

④筆力アップが図れる

論文としてロジカルな文章を書くクセがつき、文章力が上がる。

STEP 36

アウトプット力を向上させる②

本の内容は朝礼などで口に出す

本の内容を口に出すメリット

人に話す行為もアウトプットの手段として効果がある。

要点が見つけやすい

人へ話すことを想定して読むため、要旨を見つけようと集中力が高まる。

記憶が定着する

読書時の集中力が高まるため、記憶がより強く定着する。

意欲が高まる

人に聞いてもらうことに喜びを覚え、本を読むことが楽しくなる。

↓

人に伝える行動は自分のプラス要素になる！

ためになる本を読んでも、時間がたつとたいてい内容を忘れてしまうものだ。これはただ漠然と読書をしている証拠。前述の通り、アウトプットこそが重要であるため、本を読むときにはその内容を誰かに伝えることを想定しておく必要がある。

たとえば、朝礼で話すためと思いながら通勤電車の中で読めば、自然と読書意欲もわく。また、会議で問題提起をするための資料として読み込むのも効果的だ。

主旨を正確に伝えるために集中して読めば記憶も定着しやすい上、要点をまとめる作業が加わり、脳のよいトレーニングになる。

アウトプットの場を作り出せ

アウトプットの場として社内での小さな行事はとくにチェック。

①課内会議での議題

「現代の消費傾向について」など、本から刺激を得た内容を会議の議題として提案、発表する。

今日の会議は消費者情報の保護について話し合いたいのですが……

②朝礼などのスピーチ

朝礼の場なら、自己啓発本やビジネス書のフレーズが使える機会も多い。進行役を買って出るとなおよい。

③メルマガやブログ

感想文ではなく、本の紹介という形でメルマガやブログを発信。要約する力が試される。

（P88参照）

今日のテーマは企業倫理にしよう

POINT

読んだ本の内容は「当日中」あるいは「翌日中」に口に出すなどの自分ルールを作ると習慣化しやすいよ。

STEP 37

アウトプット力を向上させる③

ブログを書いて社会に発信する

ブログを書くメリット

ブログ習慣は、アウトプットのリズムをつけるのに最適だ。

記憶力が高まる

アウトプットのために頭の中で情報整理を行なう必要があるため、記憶が定着しやすい。

脳が若返る

ブログの特徴である1日を振り返る作業が、脳の老化を防止するといわれる。

モチベーションがキープできる

コメントがもらえることの期待感が、モチベーションに繋がる。

仲間に出会える

自分と似た感性を持つ人や、同じ目標を持つ仲間との出会いがある。

脳の活性化のほか、意欲も高まるなど、ブログ習慣はメリットが多い

知識のアウトプットの場として、まずは習慣づけしやすい、ブログに手をつけてみるとよい。

ブログは社会への公開となるため、発言にある程度責任を持つ必要がある。よって、発表する内容の裏をとったり、読みやすいように文章に校正をかけたりと、脳にプレッシャーを与える作業が多い。

結果、ネタとなる情報への理解を深め、記憶を確かなものにする一方で、こうした刺激が脳を活性化し、若返らせる効果を生む。

また、コメント欄によって他者からの意見が聞けるといった双方向性も、ブログならではのメリットといえる。

ブログを習慣づけるための５つのオキテ

トライしやすい分、中断もしやすいのがブログだ。まずは続けること。

①エントリーの時間を決める

習慣化のためにはリズムが必須。寝る前や朝起きたときなど、エントリーの時間を決めておくと書きやすい。

②よい文章を書こうとしない

うまい文章を書こうとすると、苦痛に感じやすい。無理せず自分の思った通りに書くこと。

何しているの？
今日のブログにアップする写真を撮っているんだ

③無理に長く書かない

長い文章を書こうとすると、プレッシャーに感じる。2～3行でもよいので、続けることが大事。

④レスポンスを気にしない

コメントがつかないと気持ちが滅入るが、レスポンスを期待するより、自分のアウトプットの場と開き直る。

⑤創作しない

日常をテーマとした場合、創作は禁物。ボロが出て、それを取り繕おうとするなど無駄な作業を呼ぶ。

STEP 38

アウトプット力を向上させる④

複雑な情報はまず図解化する

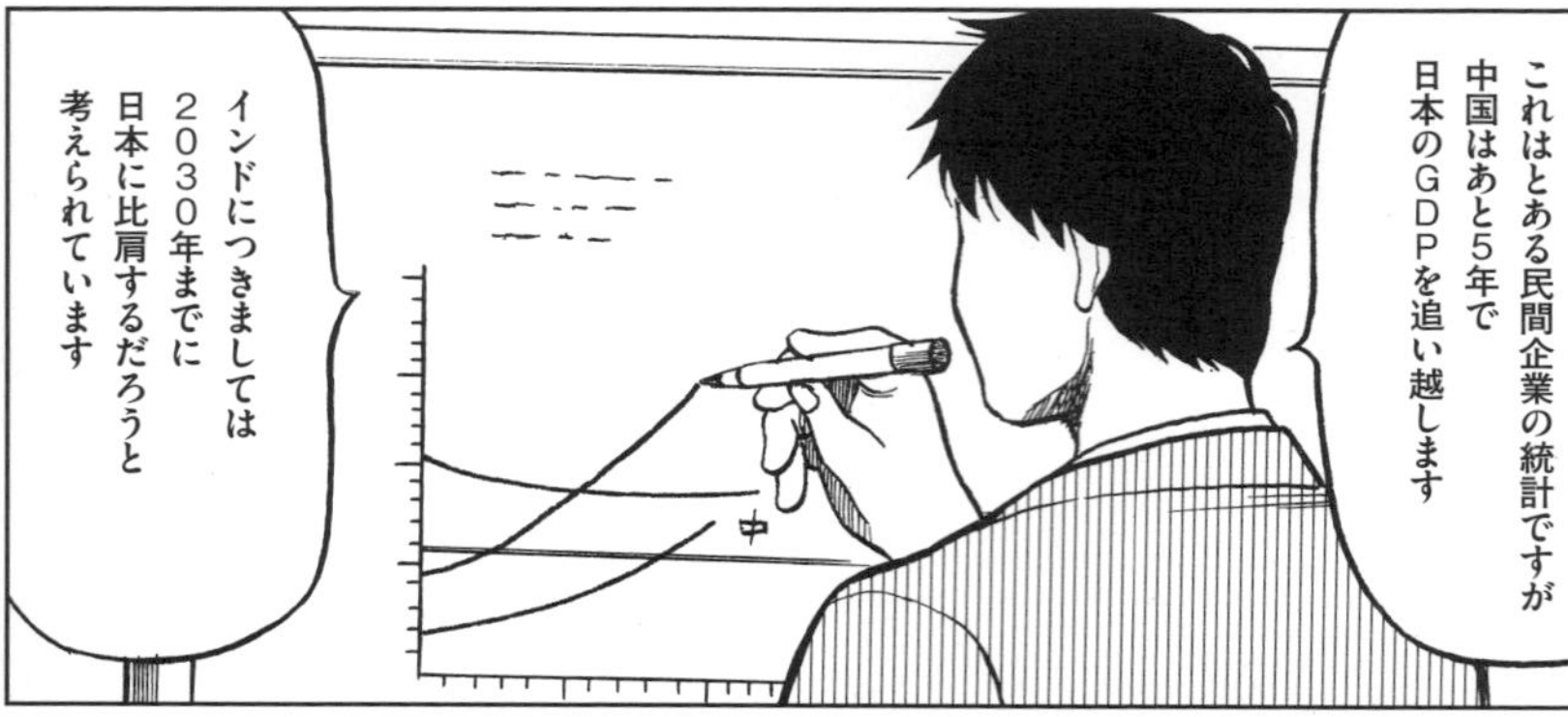
これはとある民間企業の統計ですが
中国はあと5年で
日本のGDPを追い越します
インドにつきましては
2030年までに
日本に比肩するだろうと
考えられています

●図解は文字情報より短時間で情報を把握できる。

難解な専門書を読んだときなど、複雑な情報が一度に頭に流れ込んでくると、インプットすることばかりに気をとられ、理解までに至らないものだ。

そんなときは、まず図解化する。はじめはキーワードを書き出して線などで結ぶだけでよい。

図解化のメリットは、文字情報だけではわからなかった相関関係や関連性が視覚化されることで、複雑な内容も一目で理解できるようになる点だ。

そして何より、他者に説明する際の、説得力が増すのも大きい。

現在、ツリー型やベン図など、図解の方法としていくつかの種類が存在しているが、西村克己《にしむらかつみ》氏は『創る！図解力』（実業之日本社）の中で、「キーワード」「図形枠」「線」さえあれば、図解化は誰でもできると述べている。

第一にキーワードを書き出す。次にそれを図形枠で囲む。楕円でも四角でも三角でも、自分の好きな形でかまわない。最後にそれらを線や矢印で結び、関連性を示せば完成だ。

このとき押さえておきたいのが、わかりやすさと、示したあとの考えやすさである。自分自身のための図であっても、他者が見ることを念頭に描くクセをつけると、客観性がつき、よい図解となる。

図解は理解力を高める便利なツール

文章という言語情報を、映像情報に置き換える作業が図解化だ。

●図解化のポイント

わかりやすいか?

一目見ただけで理解できる図解がもっとも優秀。

考えやすいか?

考えるための情報が網羅されているかどうかをチェック。

図解の基本的な種類	構　成	長　所
①ツリー型 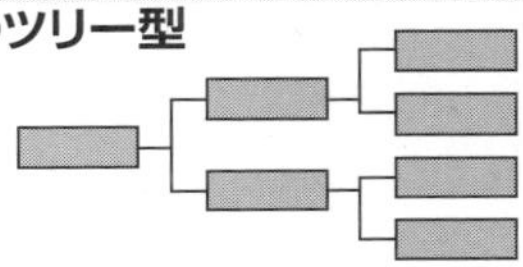	上(左図は左)から順にキーワードが樹木の枝のように分かれていく形。	状況の分析がしやすく、素早い問題解決が望める。
②ベン図 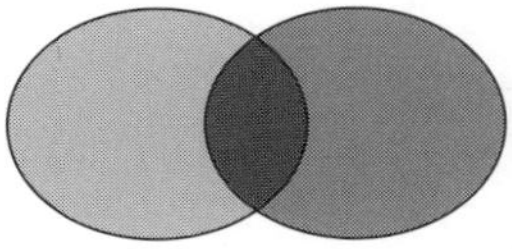	それぞれの円がキーワードに相当。相互関係が明確になる。	分析時に対象物の一部が切り離せないような状況のときに、図解であらわしやすい。
③マトリクス型 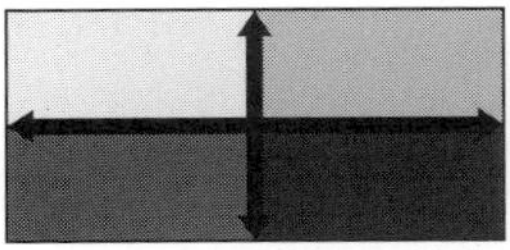	2軸を用い、4象《しょう》限《げん》にキーワードを配置する形。	対象を立体的に分析したいときに使う。比較対照しやすい。
④フローチャート型 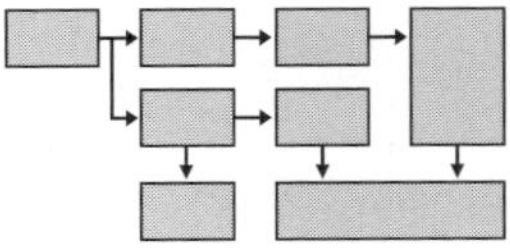	各キーワードが連鎖する形。変化の過程が明確になる。	流れや因果関係を確認したいときに使われる。

POINT

状況に応じた図解を選択できるかどうかもポイント!
うまく使い分けてスピーディーな問題解決を。

STEP 39

学んだことは即実行に移す

アウトプット力を向上させる⑤

知識は行動に移す

アウトプット以上に実践は知識をものにできる。

BAD CASE

知識を得て満足 ➡ 単なる情報収集にすぎず、勉強にならない。

GOOD CASE!

知識を得て行動に移す ➡ 情報の整理のみならず、活用することで知識が自分の経験になる。

ハッ
ハッ
タッ
タッ
ハッ
ハッ
ねぇ どうして急に早朝ジョギングなんて始めたのよ? どういう風の吹きまわし?
タッ
朝の運動は体の細胞を活性化させるため脳の働きも高めてくれるんだ 昨日読んだ本に書いてあった

⬇

実践することが、自分の力を高める最良の方法!

具体的な行動例

自分なりにできることをリストアップし、一つずつこなしていこう。

オリジナルの名言集を作る

本の中から心に響いた名言だけを抜き出した名言集を作る。口に出すとなおよい。

内容そのものを行動に移す

「朝30分早起きする」など、本に書かれていた内容を生活の中で実行に移す。

何度も反復する

感銘を受けた本を繰り返し読む。絶対に覚えておこうという意志が次なる実行へのステップとなる。

日常とリンクさせる

自分の日常とかかわりのない内容でも、リンクさせて考え、応用ができないか考える。

POINT

すべてを行動に移すのは難しい。まずは実行可能なレベルが低めのものから試すことね。

アウトプットの重要性については、何度も述べているところだ。人に話したり、ブログに書いたりとその手段もさまざまで、自分に合った方法を取り入れればよい。

しかし、ただ披露するだけでは、まだアウトプットとしては不十分だ。何より、実行することこそがもっとも大切な行動なのである。

具体的にいえば、「朝30分早く起きる」と書いてある本を読んだら、翌朝から30分早く起きる。

もっと簡単なことでもよい。「○○という本が語学学習本としてオススメ」と書かれていたら、買いに行く。それだけでいいのかと思うかもしれないが、まずは実行することで、なかなか行動に移せないクセを取り除くことだ。

STEP 40

アウトプット力を向上させる⑥

読書ゼミを開き、推薦本を紹介し合う

●相手に読みたいと思わせるプレゼンをしよう。

読書ノートや朝礼での発言など、読書後のアウトプット法をこれまでいくつか紹介してきた。そんな中、現在人気を集めているのが、読書ゼミの開催だ。

まずチームの中で、「最近読んで面白かったビジネス本」というようにゼミのテーマを決める。そして次回開催日までにそれぞれ自分が推薦したい本を読み込み、当日1人ずつ本の内容をプレゼンしていく。

発表が終わったら質疑応答に移って意見を交換し合い、終了という形が基本的な流れだ。

ある交流サイトが主催する人気の早朝読書会では、4人1グループで、1人あたりの持ち時間を10分とし、はじめの3分程度で自分が勧める本の内容をプレゼン。残りの7分でそれについて議論を交わしているという。

このように、複数の人間の前で発表することを想定して本に取り組めば、多くを学びとろうという意識が働くため、ふだん以上に脳への吸収・定着が強くなる。また、期限が決まっていることにより、読書の習慣もつけやすい。

さらに、ためになる本を紹介し合うことで、短時間のあいだに、知識のインプットとアウトプットがこなせるメリットもある。

読書ゼミが生み出すメリット

複数の人の前で発表するという意識が、読書力を引き上げる。

吸収力が高まる

読む内容を覚えようという意志が強まり、知識が定着しやすくなる。

習慣化しやすい

定期的なアウトプットの場が設けられることで、読書にもリズムがつく。

学びが多い

本から得る知識のほかに、ゼミ仲間から得られる情報も有意義。

双方向性がある

自分の意見が一方通行ではなく、その場で同意や反論が得られる。

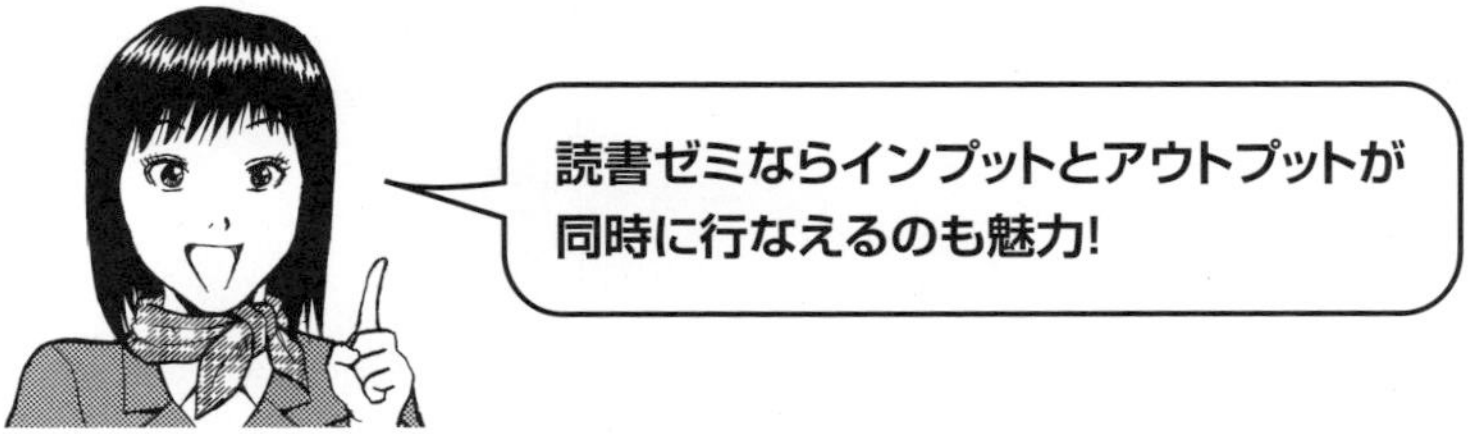
読書ゼミならインプットとアウトプットが同時に行なえるのも魅力!

一口メモ

巷で人気の早朝読書会とは？

現在「早朝読書会」を謳った会合が人気だ。近隣の社会人が出勤前にカフェに集まり、本を紹介し合うもので、mixi などのソーシャルネットワーキングサービス上で仲間を集めるタイプが多い。人脈を広げるチャンスとしても要注目！

STEP 41

アウトプット力を向上させる⑦

学んだ内容は数字に置き換える

君の説明は
抽象的すぎて
ちっともわからんよ

うわっ
痛いところを
つかれた！

●数字であらわせないと、他者への説得もうまくいかない。

数値化のメリット

情報の数値化は、自分だけでなく他者にもメリットが多い。

メリット1 比較しやすくなる

「Aの方がBより少し大きい」ではなく「Aの方がBより5センチ大きい」の方が具体的で、わかりやすい。

メリット2 物事を把握しやすくなる

メリット1同様「あと少し」ではなく「残り10%」など数字であらわすと、物事がはっきりし、目標を立てやすくなる。

メリット3 思考を深化できる

「日本のGNPはどのくらいだろう?」という数字に関係する疑問を掘り下げることで、思考を深くする。

メリット4 発見が多くなる

曖昧な情報ではわからなかったものも、数字で書かれることで思わぬ発見に繋がることがある。

数値化を習慣づけるには日常から

生活の中の何気ない数字を拾い出す習慣が、思考力を育てる訓練となる。

《レストランへの入店時》

✕「今日は混んでいるな」

○「30席のうち、23席埋まっているな」

簡単な足し算や引き算をすることで、瞬間的に計算する数字力を養う。

《企画書を書く》

✕「パンメーカーの売り上げが好調だ」

○「パンメーカーの売り上げは前年比115%だ」

数字にしてあらわすことで、他者への説得力も増す。プレゼンにも使える。

数字で表現するだけで、情報整理の精度がアップするよ!

論理的な思考力を高める第一歩は、物事を数字に置き換えて考えることだ。経営コンサルタントの小宮一慶《こみやかずよし》氏は、数値化のメリットとして、「把握力」「具体化力」「目標達成力」が身につくという。

たとえば、「もう少し」といった曖昧な表現を「残り何％」と具体的にすれば、状況が把握しやすくなるし、他者との情報共有も円滑に進むものだ。

もう一つのメリットは、数字がはっきりすることで、それに合わせた戦略を立て、行動が計画的に進められる点だ。効率がよい上、達成もしやすくなる。

こうした数字的思考を高めるためにも、日頃からあらゆる数字に敏感になっておく必要がある。

STEP 42

思考力を育てる①

疑問に思ったことはすぐに書き出す

疑問を持つことの意味

疑問は思考力を育てる頭の体操にちょうどよい。

部下が新規開拓のためにA社へ訪問するも、失敗に終わった。

BAD CASE

何も考えずに、ただ部下を叱りつける。

＝

感情に走るだけで思考に結びつかない。

GOOD CASE!

なぜ失敗したのか、一緒に原因を探る。

＝

原因追求をすることによって思考力が育つ。

●原因を探ろうともしないで、ただどなりつけるようでは、部下からの信頼も失ってしまう。

書き出した「疑問」はアイデアの種となる

原因を追求し、自分なりの解決を出した記録はのちにアイデアの種となる。

**疑問を持っても
その場限りにする**

↓

✖ いずれ忘れてしまうため、将来に結びつかない

**疑問に対し原因を追求し、
記録する**

↓

- ○ 見直した際の気づきが多い
- ○ 新しいアイデアのもととなる
- ○ アウトプットすることで記憶が定着しやすい

このお料理の隠し味は何かしら？
たぶんハッカクだと思うのだけど……

社会人の勉強は資格をとったり、海外勤務を目指して語学に挑戦したりするだけのものではない。人間としての基礎力をつけることも、立派な勉強の一つだ。

基礎力の中で大きなウェイトを占めるのは、思考力である。何事においても考えを巡らす習慣がつけば、それだけ成長する。

その習慣化に役立つのが、疑問を持つことである。通勤電車の中やオフィスでも周囲をよく観察するだけで、自然と疑問がわいてくるはずだ。疑問がわいたら、どんな小さな気づきでも手帳に書き出す。そして解決策を考える。もし考えてわからなければ調べてみる。

こうしたサイクルを続けることで、思考力は高まっていく。

STEP 43

思考力を育てる②

行動する前にまず仮説を立てる

仮説思考は問題解決に至るまでの時間を短縮するよい学習だ。

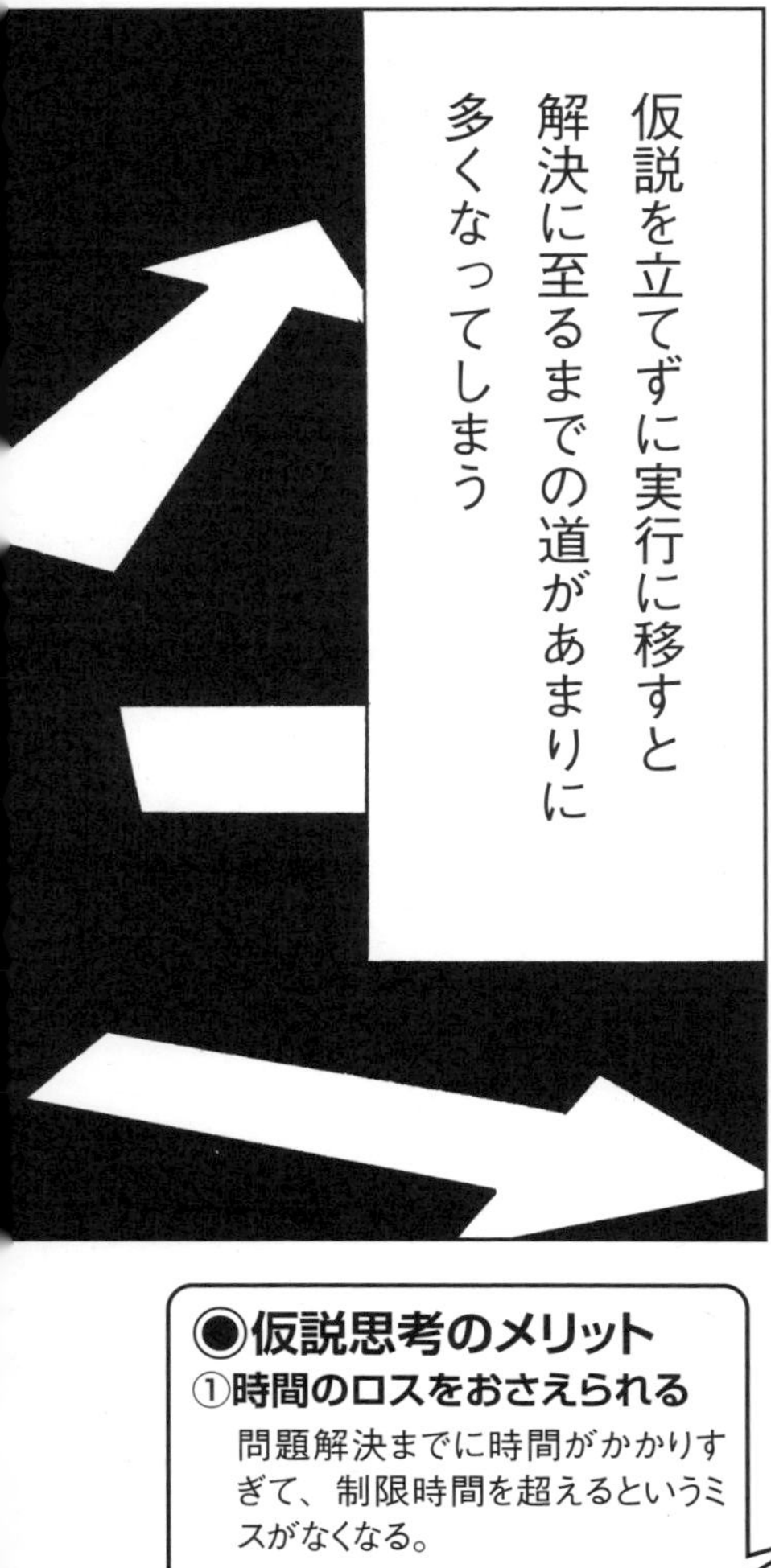
仮説を立てずに実行に移すと
解決に至るまでの道があまりに
多くなってしまう

視点③
成功例の逆を試みる

▶成功モデルに反し、逆方向から攻め込む仮説の立て方。はじめは少数派でも多数派になることも。

事例：値下げ競争の中、あえて高級志向の商品を打ち出す

デフレが続く外食産業で、素材を厳選したセレブメニューを展開して消費者に刺激を与える。

視点④
状況によって変化させる

▶立てた仮説に執着せず、世の中の動きを見て随時変更していく方法をいう。

事例：勉強は適度に、という考えからシャカリキにという考えに変える

時節や風潮によってはじめに抱いていた仮説を変化させる。

◉仮説思考のメリット

①時間のロスをおさえられる

問題解決までに時間がかかりすぎて、制限時間を超えるというミスがなくなる。

②先見力が身につく

仮説思考を繰り返すことで、仮説の質が上がり、先々を見通す力が養える。

③失敗が少なくなる

仮説の質が上がることで、無駄な行動が少なくなるため、失敗が少なくなる。

正解に近づくためのよい仮説の立て方

視点①
既存の成功例を当てはめる

▶既存モデルをそのまま使うのではなく、場所や条件を変えて応用できるか、可能性を判断する。

事例：禁煙車両を見て、喫煙ブースを会社に設ける
喫煙者の不満を解消しつつ、非喫煙者の社員にも受け入れられるための措置として設定。

視点②
成功例を組み合わせる

▶成功モデルとなる好条件をかけ合わせることで仮説を立て、新しい成功モデルを生み出す方法。

事例：本格コーヒーが味わえるカフェを「犬の入店OK」にする
「おいしいコーヒー」と「散歩中に立ち寄れる」「犬も入店可能」という3つの好条件のかけ合わせ。

勉強や仕事で課題に立ち向かう際、解決法が見つからずに右往左往して無駄な時間を過ごすのはナンセンスだ。こうした状況で素早く解決策を導き出すためには、論理的な思考力を身につける必要がある。その第1番目として、仮説思考を取り入れたい。これは行動を起こす前に、仮の答えを用意し、実証にあたることをいう。

こうして仮説と実証を繰り返す訓練を積むと、仮説の精度も高まり、短時間で正解にたどり着けるようになる。つまり問題解決までのロスタイムを短縮できるのだ。

ただし、当てずっぽうは禁物。限られた情報や既存のモデルを組み合わせることで適切な仮説を立ててこそ、論理的思考に繋がる。

STEP 44

思考力を育てる③

マトリクスで情報を俯瞰する

なんだか
よくわからないな

●複雑な情報は、文字ではなく図にした方が理解しやすい。

論理的思考力を育てる訓練の第2番目は、マトリクスを使った情報整理法である。

マトリクスとは図解化の形態の1つで、縦軸と横軸を引き、視点を4象限《しょうげん》に分けて、キーワードをそれぞれ位置づけていく方法だ。

この最大のメリットは、物事を2つ、ないし4つの事象から捉えて視覚化できるため、思考の整理がしやすい点にある。

たとえ複雑な情報であっても、マトリクスで描くと、一目で俯瞰できる。この思考法は、勉強よりもビジネスの場面で活躍する傾向があるが、複数の案件を比較検討する際や、現状把握したいときなど、さまざまな状況で役に立つ。

マトリクスを描く際、もっとも重要となるのが軸だし（軸の内容を決めること）の工程だ。

そのポイントは2つの軸に独立性を持たせることにある。

たとえば「緊急度」と「締め切り」を軸にした場合、ほぼ同義となるため、意味がない。一方、軸を「緊急度」と「重要度」に置き換えれば、分析もしやすい。

いわば、どんな軸だしをするかでマトリクスのよし悪しは決まる。軸だしのスキルを上げるためにも、既存モデルを参考に、書いて慣れていくようにしたい。

マトリクスを使った思考法のメリット

物事を立体的な視点から見ることができるマトリクスには、メリットが多い。

対象を立体視できる

2つの要素を組み合わせて考察するため、立体的なものの見方ができる。

思考整理がしやすい

対象の位置関係が見てすぐに判断できる。結論までの時間を短縮できる。

他者への説得力が増す

一覧性があるため、他者から理解を得やすい。プレゼン時などに有効。

比較検討がしやすい

複数の物事を、同じ条件下で位置づけできるため、答えをしぼりやすい。

よし悪しは「軸だし」で決まる

評価基準となる軸の選び方1つで、視点は大きく変化する。

事例：大手電化製品メーカー4社の位置づけを知りたい。
（初芝電産、ソラー電機、五洋電機、ソムサンの4社を比較する）

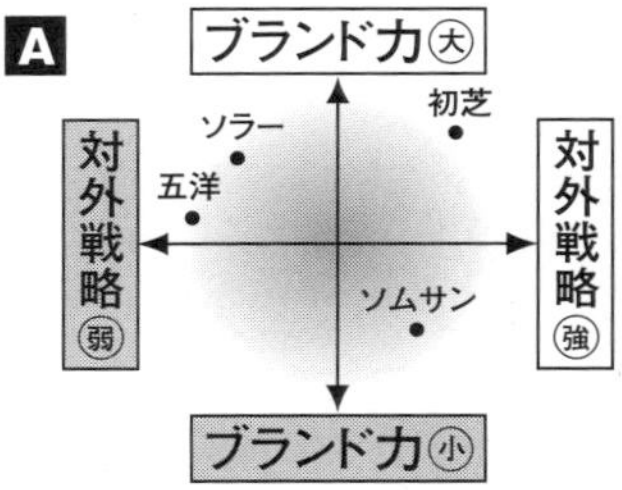
A
ブランド力㊤
ブランド力㊦
対外戦略弱
対外戦略強
初芝
ソラー
五洋
ソムサン

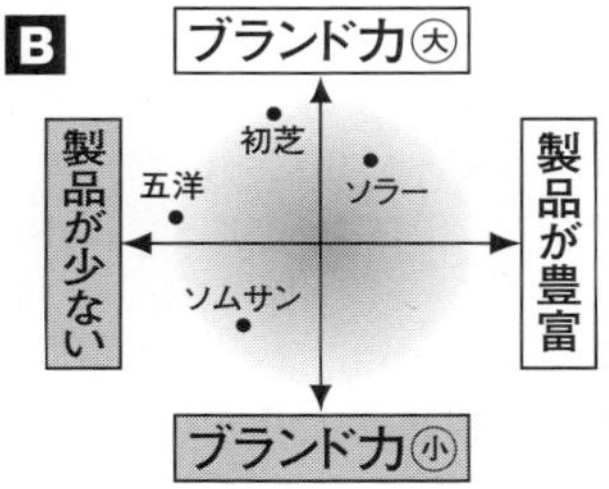
B
ブランド力㊤
ブランド力㊦
製品が少ない
製品が豊富
初芝
ソラー
五洋
ソムサン

軸の設定の仕方一つで印象が変化する!
＝
それだけ軸だしは重要!!

POINT

よい軸だしをするには、慣れること。考えるよりも書いて、正解のポイントを見つけよう。

STEP 45

思考力を育てる④

ロジックツリーで思考の幅を広げる

ロジックツリーのメリット

ツリー型は、初心者でもすぐにできるもっとも単純な図解だ。

メリット1 重複やモレがなくなる。

メリット2 ブレイクダウンすることで、思考が整理される。

メリット3 原因追求により、ロジカルな考え方になる。

↓

問題を具体化するスピードがアップ!

何が問題なのかを把握し
その上で解決策を見つける
この情報整理が答えへの
近道になるんだ!

Whyツリーと Howツリー

原因追求のツリーで原因を探り、問題解決のツリーで改善法を見つける。

事例：「勉強の成果があらわれない」という問題を解決したい。

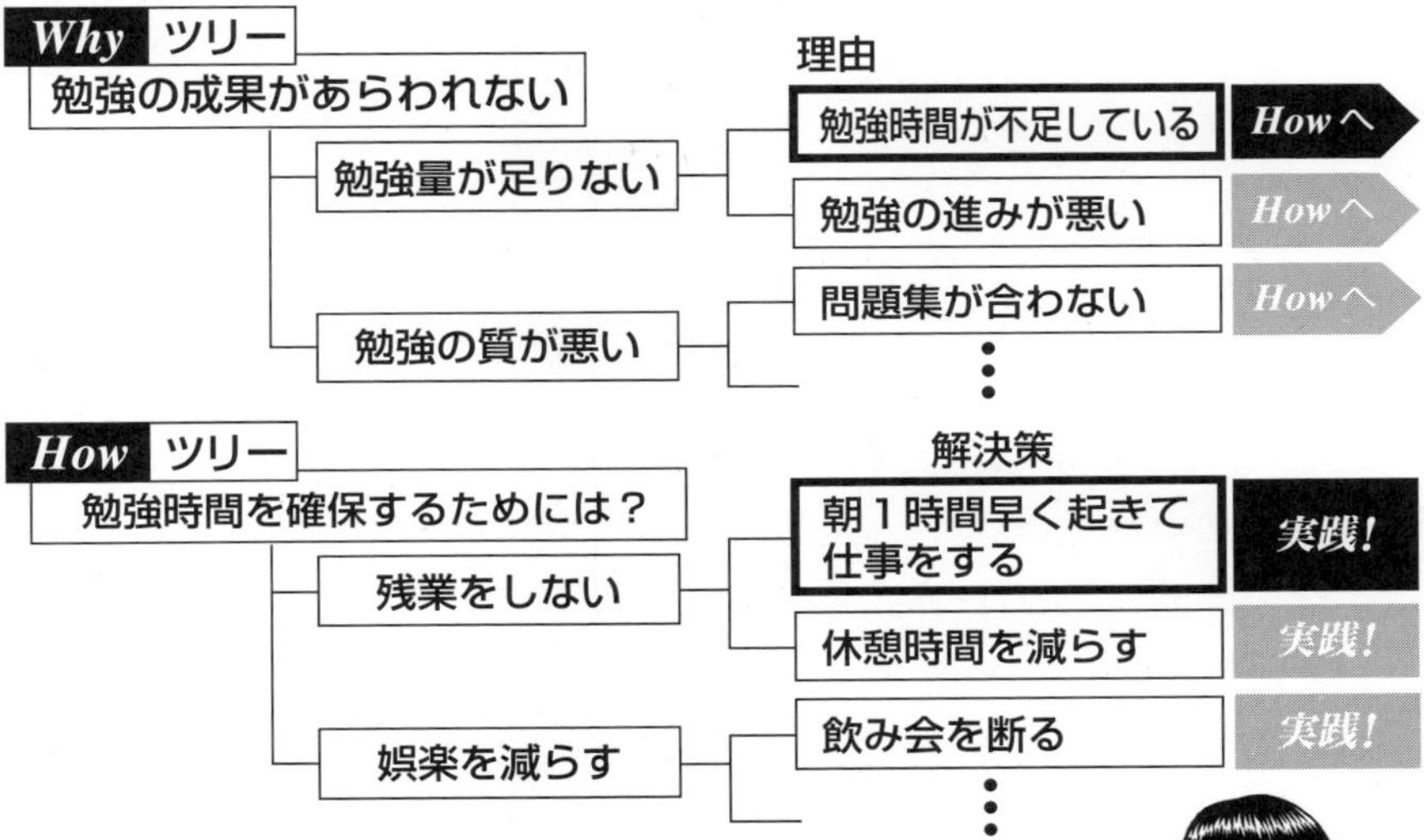
Why ツリー
勉強の成果があらわれない
勉強量が足りない
勉強の質が悪い
理由
勉強時間が不足している
How へ
勉強の進みが悪い
How へ
問題集が合わない
How へ
How ツリー
勉強時間を確保するためには？
残業をしない
娯楽を減らす
解決策
朝１時間早く起きて仕事をする
実践!
休憩時間を減らす
実践!
飲み会を断る
実践!

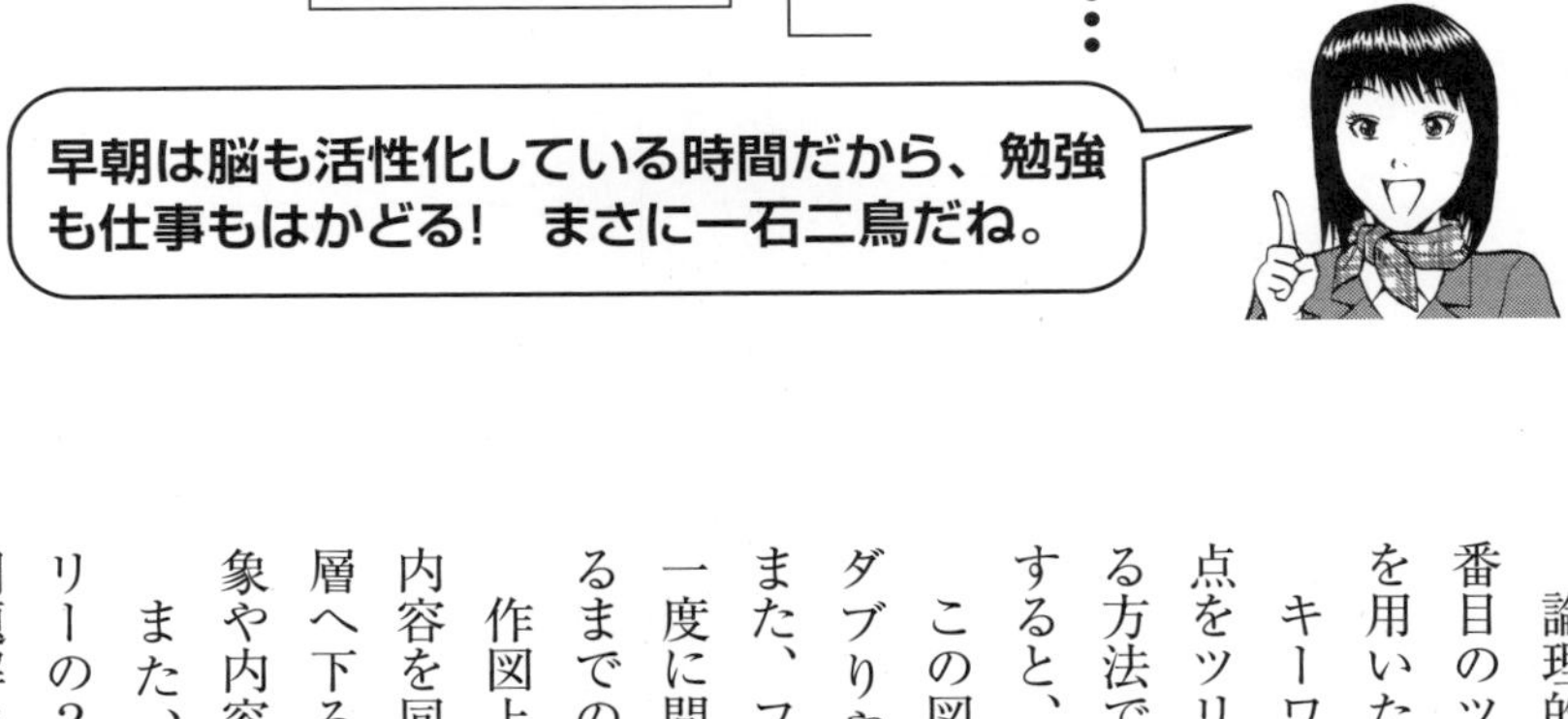
早朝は脳も活性化している時間だから、勉強も仕事もはかどる!　まさに一石二鳥だね。

論理的思考力をつけるための3番目のツールは、ロジックツリーを用いた思考法だ。

キーワードを決め、課題や問題点をツリー状に書き連ねて整理する方法で、この図解を使って思考すると、情報分析が速くなる。

この図解のメリットは、内容のダブりや、モレを防げることだ。また、フローに一覧性が出るため、一度に問題を把握でき、解決に至るまでの道を縮めてくれる。

作図上の注意は、同じ階層内の内容を同レベルにすること。下階層へ下るに従い、より具体的な事象や内容にするのがポイントだ。

また、Whyツリーと Howツリーの2種を組み合わせることで、問題解決はより具体的になる。

SWOT分析で戦略を練る

SWOT 分析の仕組み

企業戦略用の思考法だが論理的思考力をつけるのに役立つ。

	＋	−
内部要因	*S*(*Strength*) 強み	*W*(*Weakness*) 弱み
外部要因	*O*(*Opportunity*) 機会	*T*(*Threat*) 脅威

<SWOT による自分自身の分析例>

S	(自分の強みとは?)	記憶力が高い、本を読むのが速い
W	(自分の弱点とは?)	集中力が持続しない、飽きやすい
O	(環境のプラス面とは?)	フォローしてくれる友人がいる
T	(環境のマイナス面とは?)	子どもがいるため勉強時間がとれない

↓

第一段階として自分にとっての SWOT を知る!

戦略思考を身につけるのに、ビジネス書ではおなじみのSWOT分析にかけてみるのも一つの手だ。おもに企業戦略の分析に使われるため、直接勉強に繋がるわけではないが、考える力をつける意味で紹介したい。

これは、マトリクスの形をとり、内部要因である強み(S)、弱み(W)、外部要因である機会(O)、脅威(T)の4項目で分析する。

この4つの要素で見ることで、置かれた状況を把握し、将来への戦略を練るヒントとするのだ。

図解によって情報を構造化し、整理する力がつけば、論理的なものの見方ができるようになる。

クロス SWOT で戦略を練る

次に SWOTを組み合わせる、クロスSWOT で戦略を練ろう。

◉クロス SWOT による戦略検討

S×O ＝**自分の強みに外からの要素をかけあわせる**

例：友人に問題を出してもらい、答える学習法をとる。

S×T ＝**自分の強みで脅威を克服する**

例：子どもが学習塾に行っているスキマ時間に勉強する。

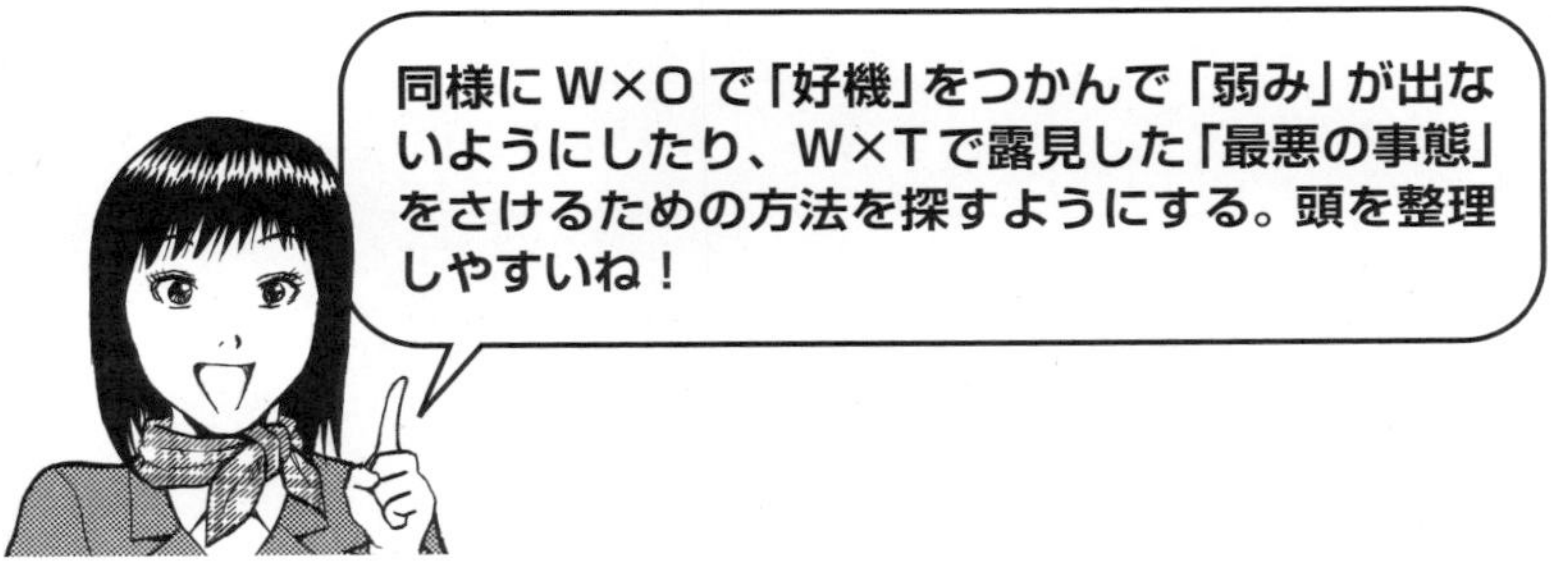
同様にW×O で「好機」をつかんで「弱み」が出ないようにしたり、W×T で露見した「最悪の事態」をさけるための方法を探すようにする。頭を整理しやすいね！

●内部要因と外部要因を明らかにすることで、対策のためのアイデアが生まれる。

そうか！
俺の苦手な要素はここにあったのか

質問にどのように答えているか？

質問に対する答え方で、自分自身の理解度もチェックできる。

渡辺君 この「SNS」とはいったい何のことだね？

●上司から問いかけを受けた。

あ、はい えっとそうですね なんというか ネットを通して 友達を作るというか ええっとその オフ会とかする こともあって……

BAD CASE

むやみに言葉を重ねてしまう

↓

本質を理解していない証拠

はい 人と人との繋がりをサポートするウェブサイトです

GOOD CASE!

シンプルに一言で説明できる

↓

本質を理解している証拠

言葉を重ねる行動は、周辺部の情報をバラまくことでごまかそうとしている証拠。ビジネスマンとしても信頼を失いかねないから注意しよう！

一言で答えるための訓練法

日常から一言で答えるためのクセをつけて、思考のダッシュ機能を磨こう。

訓練法1

「要するに」「つまり」と、意識的に思考整理の時間を設ける

人との会話中や、本を読んだ際、相手の言わんとすることを頭の中でまとめるクセをつける。

訓練法2

質問されたら、質問内容を主語にして答える

「○○って何?」と尋ねられたら、「○○とは……」というように、キーワードを主語にして答える。必然的に結論が述語になる。

勉強をすると、すぐに内容をわかったつもりになるが、意外なほど理解していないケースが多い。

まず目安として、一言で説明できないのは身についていない証拠。不自然なほどの饒舌《じょうぜつ》は、ごまかしでしかない。本質がわかっていないからこそ、それをカバーすべく、直接結論とは関係がない、関連情報を長々と話してしまうのだ。

これでは理解力がない人間だと思われても仕方がない。

そこで、新たな知識を得たら、意識的に「要するに」「つまり」と頭の中で整理する習慣をつけたり、人に「○○とは何か?」と尋ねられたら、「○○とは……」とキーワードを主語にして答えるクセをつけるようにしたい。

STEP 48

思考力を育てる⑦

「Why?」を5回繰り返す

鈴木君
どう思う?
はい
僕が受けた
印象は……
そうですね……
テレビの大きさは
業界一なので
薄さを極めたら
よいかと思います
ほう
それは
どうして?

●追求が厳しくなるほど、根本原因に近づける。

勉強を続けていれば、思ったようにレベルアップしないなど、必ず壁にぶち当たることがある。

こうした壁に遭遇したとき、その原因を突き詰めて考えることも思考力アップに繋がる。そこで、トヨタ自動車の大野《おおの》耐一《たいいち》氏が考案した「5W1H」を使いたい。

これは文章作法の「いつ、誰が……」とは異なり、「Why（なぜ）」を5回繰り返し、最後に「How（どうやって改善するか）」を考える問題解決法だ。

どうしてレベルアップしないのか、その原因を考え抜いて問題解決を図れば、思考力を育てるとともに、今後の勉強計画も定まる。

トヨタ式「5W1H」で思考を深化させる

とことん追求し、根本原因を見つけることも、頭の訓練となる。

◉トヨタ式5W1Hの考え方

Why（なぜ）×5 ＋ How（どのように）

「なぜ？」を繰り返す ➡ 原因の先の原因である「真因」を探り、根本的問題の早期発見、および解決を目指す。

事例：顧客からクレームが来た場合

	Why	Because	How
深化レベル1	なぜクレームが来た？	製品に不具合があった	チェック体制の見直し
深化レベル2	なぜ不具合が起きた？	製造ロボットに故障があった	製造ロボットの修復
深化レベル3	なぜ故障がわからなかった？	点検が甘かった	定期点検の徹底
深化レベル4	なぜ点検が甘かった？	やり方がわからなかった	チェック機能の確立
深化レベル5	なぜやり方を知らなかった？	点検マニュアルの不備（☆）	マニュアルの作成

（☆）が真因

なるほど
1つ目の原因に
対して解決策を
出しても根本的な
問題解決には
至らないな！

POINT

業務中や生活の中で原因追求を繰り返し、脳の処理能力を磨こう!

情報は詰め込みよりも取捨選択する

思考力を育てる⑧

情報過多は解決を遅らせる

情報は集めるだけで満足してはいけない。

しまった！
ネットで情報を
集めるだけ集めたけど
何が重要なのか
わからないぞ！

情報の精査がなされていないと、他者への説得も不発に終わりがちに……。

情報や知識は多いほどよいと考えがちだが、それは間違いだ。いたずらに詰め込んでも、脳の許容範囲を超えるだけで無駄である。

経済評論家の勝間和代氏は、本質に集中するためのしぼり込み方として、情報を「簡略化」し「階層化」した上で「フレームワーク化」することを提唱している。

まず、言葉や数字にならない情報は切り捨てて簡略化し、図解を用いて因果関係を明確にする（階層化）。そしてこの2つを組み合わせて全体像を再構築するのだ。立体的な視点で物事をとらえることができるため、必要な情報か否かの判断がつきやすくなるだろう。

3ステップ情報のしぼり込み法

情報のより分け法として、勝間和代氏が提案しているのが以下の方法だ。

①簡略化する
言葉での表現が不可能なものは、情報として扱いにくい。言葉や数字など、文字情報に置き換えられないものは排除する。
②階層化する
図解を用いて、キーワードの因果関係を明確にする。視覚情報にすると、要・不要の判断がつきやすくなる。
③フレームワーク化する
簡略化と階層化を組み合わせ、全体を再構築する。

POINT

全体（フレームワーク）が決められた上で、簡略化（見出し）と階層化（本文）から構成された「新聞」は、メディアの中でしぼり込みがよくなされた好例ね。

STEP 50

思考力を育てる⑨

自分の言葉で話すために語彙力を強化する

情報の受け売りでは意味がない

自分の言葉への置き換えは、思考力をつける上で必要な作業だ。

MBOとは
会社の経営者自身が
自分の会社を
買収することをいいます
ただし　これは
ごく一部のことです

ベンチャーの起業家志望者のための
講演会に参加し、聴講した

〈そのままアウトプット〉

知ってるか？
MBOって　会社の
経営者自身が自社を
買収することを
いうんだ

知識が左から右に流れていくだけで、脳への刺激は少ない。

〈言葉を置き換えてアウトプット〉

知ってるか？
MBOって、会社の
経営陣が一部だけ
株式を買い取るって
ことなんだぞ

得た知識が脳内で整理・再構築されるため、刺激が大きい。

言葉の置換作業は、思考力を育てる
訓練の一つとなる!

語彙力の強化が鍵となる！

言葉の土壌を肥やすためには、インプットの仕方にも気をつけるべき。

◉語彙力アップのための習慣

ふぅん
「作法」には仏事など仏家《ぶっけ》で行なう
法式という意味もあるのか

文芸書・エッセイを読む

文学的な言い回しや表現法、比喩の使い方の参考になる。使える表現が見つかったら、必ずメモすること。

広辞苑を1日1ページ読む

日常で何気なく使っていた言葉の定義を知ったり、新しい語句に出合えるチャンスが広がる。1ページなら習慣化しやすい。

電子辞書を携帯する

気になる言葉や、知らない慣用句に遭遇したら、その場で調べるクセをつける。携帯電話で辞書検索するのもよい。

どんなに多くの情報をインプットしても、それを自分の言葉に置き換えてアウトプットできなければ身になったとはいえない。

自分の言葉で話すには、「頭に入れた情報を整理し、適切な言葉に置き換える」という思考のプロセスが必要となるため、脳が刺激され、記憶の定着に繋がる。

こうした言葉の置換《ちかん》の際、鍵となるのが語彙《ごい》力だ。『1日15分勉強法』（宮崎伸治《みやざきしんじ》・ビジネス社）には、アメリカでは、語彙力がある人ほど経済的に豊かになるとあり、重要視されていることがわかる。

話し言葉も書き言葉も、自分が知っている中からしか出てこない。語彙力強化のため、日頃からよい文章や言葉に触れるべきだ。

COLUMN 3

ハハハ！
私の自慢の書斎へ
ようこそ！

◇はかどる勉強部屋にするための カラーコーディネート

色が人の感情にどう影響するかを科学的に分析し、その関係性を探求していく学問を、色彩心理学という。

色にはやる気を高めたり、低くしたりする力があるため、勉強がはかどる部屋づくりに応用すべきだ。

まず赤などの暖色系は、人の心を興奮させたり、高揚させる効果がある。反対に青や緑の寒色系は心の鎮静化に役立つ。

これさえわかっていれば、勉強部屋のカラーコーディネートをどうすればいいか、おのずとわかるだろう。

部屋の壁紙、カーテン、カーペットなどは寒色系を選び、知性や理性が発揮できる環境を整えること。大規模な模様替えが難しければ、タペストリーや机の下のラグマットなどで工夫したい。

Chapter4

第4章
合格を一気に引き寄せる試験マニュアル

STEP 51

試験対策スケジュール①

本番から逆算して計画を立てる

<スケジュールの組み立て例>

事例：1 年後に簿記 1 級を取得する。

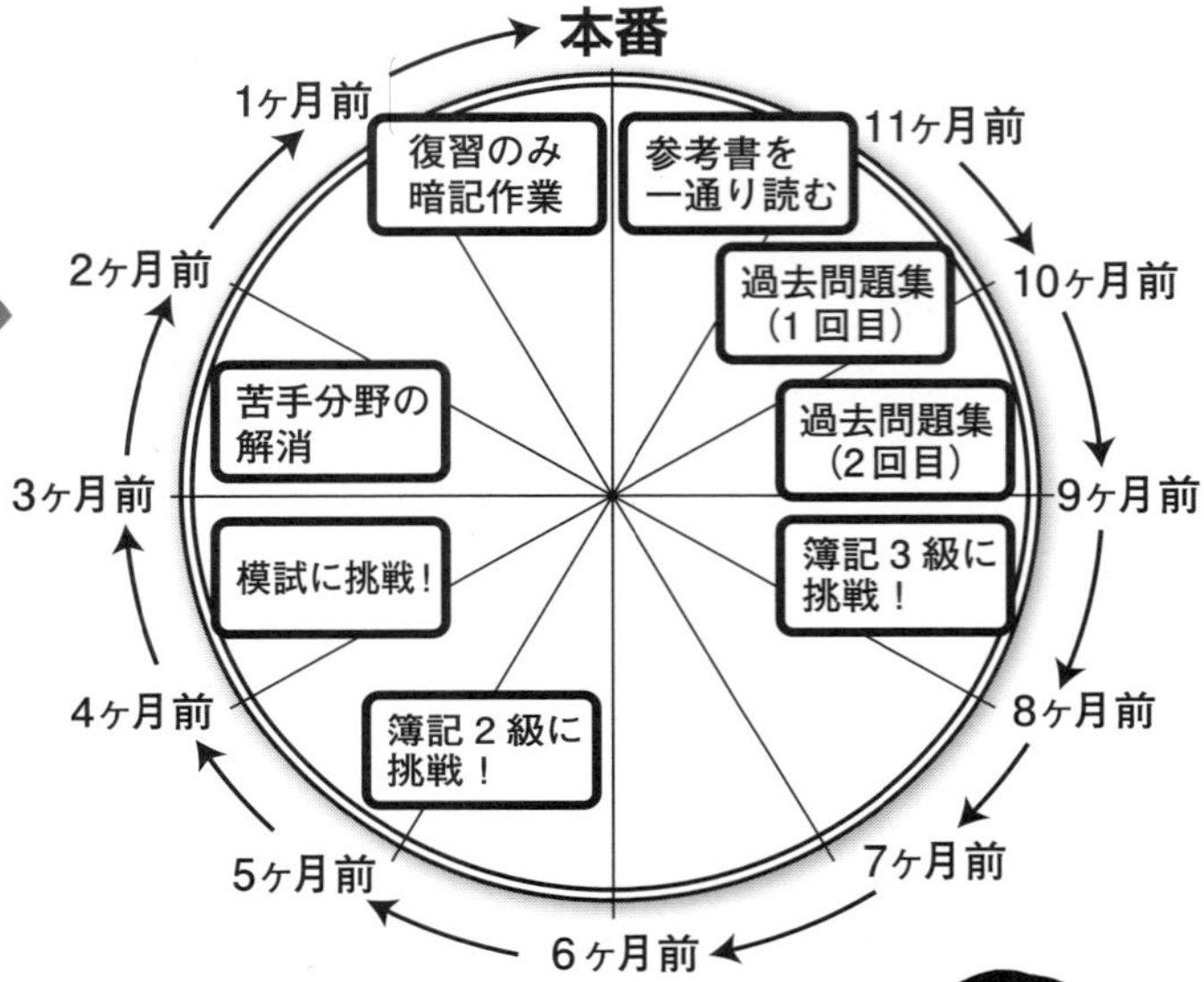
本番
11ヶ月前
参考書を一通り読む
10ヶ月前
過去問題集（1 回目）
9ヶ月前
過去問題集（2 回目）
8ヶ月前
簿記 3 級に挑戦！
7ヶ月前
6ヶ月前
5ヶ月前
簿記 2 級に挑戦！
4ヶ月前
模試に挑戦！
3ヶ月前
苦手分野の解消
2ヶ月前
1ヶ月前
復習のみ暗記作業

長期計画はあくまで計画とする。
定期的に見直し、修正していこう。

試験の合否は、勉強計画で決まるといっても過言ではない。それほどスケジューリングは重要だ。

計画はまず、試験日から逆算して1年なら1年というように、おおまかな枠組みを作ることから始める。このときのポイントは、休暇の日程を明確に組み込んでしまうこと。すると、それを目標に自分を追い込めるので、成果が上がりやすくなる。作成した表は、机に貼るなど、常に目に入るようにしておくとよい。

また、「合格したらアメリカに留学する！」というように、試験後の明確なビジョンを持つことも、モチベーションの向上に役立つ。

長期スケジュールはざっくりと

目標のない計画は、挫折に繋がる。大枠を組み立てることから始めよう。

STEP 1 目標の設定

事例：来年6月の日商簿記試験で1級を取得する!

目標はできるだけ具体的にする。「いつまでに何をどうしたいか」を明確に。

STEP 2 試験日から逆算して計画を立てる

事例：3ヶ月後に3級、半年後に2級レベルになる!

目標が定まったら逆算し、数ヶ月単位のおおまかな勉強計画を立てる。

STEP 3 長期休暇は予定に組み込む

事例：ゴールデンウィークはバリ島に行こう!

長期休暇の使い方を予定に組み込むことで、タイムプレッシャーを作る。楽しみが控えていると思えば、勉強にも自然と身が入る。

STEP 52

試験対策スケジュール②

中期計画はゆとりを持たせる

月間・週間スケジュールの立て方

目安となる勉強時間から、計算して立てるのも手だ。

STEP① 月間の勉強時間を割り出す

合格までに必要とされる勉強時間 ／ 試験までの月数 ＝ 月間の目標勉強時間

STEP② 週間の勉強時間を割り出す

月間の目標勉強時間 ／ 1ヶ月の週数 ＝ 週間の目標勉強時間

STEP③ 週間の勉強時間にゆとりをつける

週間の目標勉強時間 ×1.5 ＝ ゆとりつきの勉強時間

↓

こうして算出された時間が目標とする勉強時間だ!

各試験の合格ラインに達する必要勉強時間は参考数値として参考書や問題集に書かれているぞ！

実際に計算してみよう

事例：4ヶ月後に簿記3級に挑戦する

$$\left(\frac{100\ (\text{簿記3級合格に必要とされる勉強時間の目安})}{16\ (\text{試験勉強に費やせる週数})} = \text{約}6\right) \times 1.5 = 9\text{時間}/\text{週間}$$

1週間で9時間分、勉強時間を確保しよう！

9時間を捻出するのは
なかなか難しいな……

長いスパンの計画を立てたら、今度は中期の計画を立てる。「月末までに30時間勉強時間を確保しよう」というように、月ごとの目標を大雑把に設けるのだ。

続いて週ごとの計画に移る。「今月の目標を達成するためには、毎週7時間ずつ勉強時間をとらなくてはならない。だから最低1日1時間勉強しよう」というように、明確なノルマを設定する。

このとき、スケジュールは少し余裕を持って組むようにしたい。ノルマが厳しすぎると挫折する恐れがある。ましてや、ビジネスマンは、アクシデントで勉強できない日も多い。そうしたときの保険として、1・5倍くらいの時間を見積もって立てる。

STEP 53

試験対策スケジュール③

土曜日で週の遅れを取り戻す

まずいな
販売店に送った販促品に
ミスが見つかったそうだ
各店の店長から
お怒りのメールが
殺到しているらしい
渡辺君 今日はすまんが
自社で待機してくれ
のちほど先方から
電話がかかってくるから
え？
今日？
どうした？
あの
私でなければ
いけないでしょうか？
今日は都合が……

●不測の事態はいつ訪れるかわからない。

たいてい、計画を立てておいても、その通りに進まないものだ。社会人ゆえ残業や急な飲み会といった理由で勉強できず、達成できないというケースはしばしばある。

そんな事態を見越して、予備日を用意しておく。たとえば、月曜から金曜を通常通りの学習日とし、土曜は予定が遅れた分の借金返済日にあて、日曜はその週の復習の日にする。こうすれば、1週間単位でノルマを調節できるため、学習のリズムがつけやすい。

また、平日は必ず進捗状況をメモに残しておくこと。土曜日にこなすべき内容がはっきりし、確実に遅れが取り戻せるはずだ。

１週間の予定は「予備日」の設定が必須

社会人は学生と違い、夜の使い方も計画通りにはいかないものだ。

事例：この１週間で問題集を30ページ進めよう!

BAD CASE

平日は4ページずつ進めて、土日に5ページずつやろう。

GOOD CASE!

平日6ページずつ頑張って土曜日は予備日にあてよう。

月・火・水・木
OK!
計画通り勉強できた
OK!
計画通り勉強できた
金
しまった
今日の分ができない！
突然飲み会に誘われた……
明日で
取り返そう……
突然飲み会に誘われた……
土・日
挫　折
土曜日に金曜日分の遅れを取り返す
完璧!
日曜日に１週間分を復習する

POINT

あらかじめ予備日を設定しておけば、ノルマも無理なく達成できるよ!

試験日1ヶ月前には新しい勉強をしない

試験日を自分のピークに

勉強は試験日当日に力が発揮できてこそ意味がある。

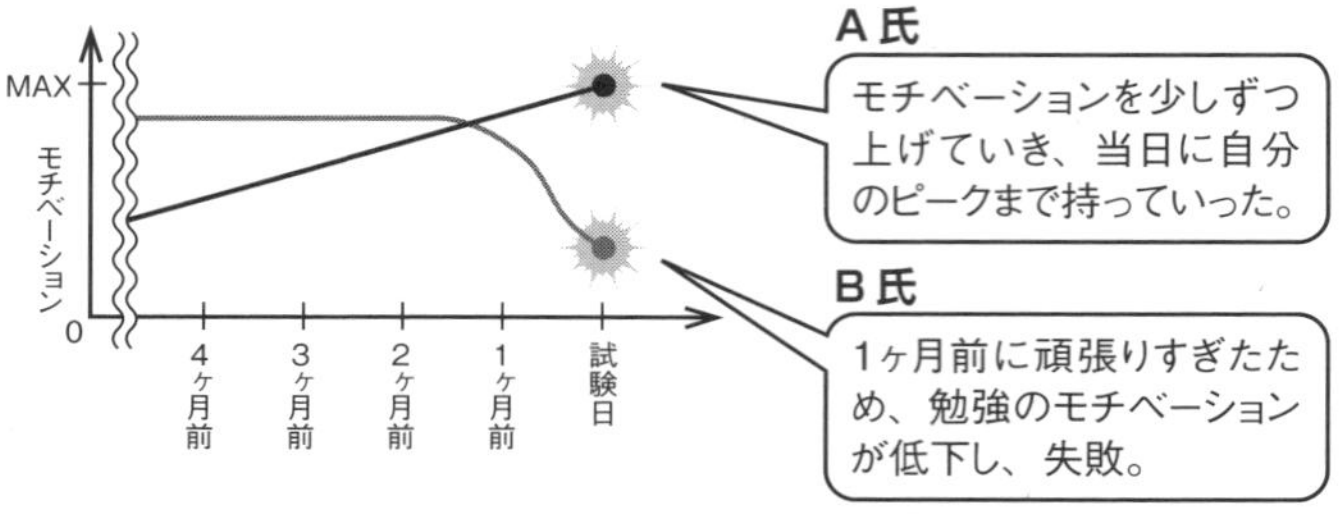
MAX
モチベーション
0
4ヶ月前
3ヶ月前
2ヶ月前
1ヶ月前
試験日
A氏
モチベーションを少しずつ上げていき、当日に自分のピークまで持っていった。
B氏
1ヶ月前に頑張りすぎたため、勉強のモチベーションが低下し、失敗。

試験日1ヶ月前からの過ごし方で、試験結果は大きく変わる!

へぇ あの辺りを勉強していないなんてずいぶん強気ですね 試験に出るともっぱらの噂ですよ
む

●ライバルの言葉に惑わされないこと。

1ヶ月前からはこう過ごせ！

「1ヶ月前からの過ごし方」を実践し、合格への道を切り開く。

用語カードの見直し

覚えられなかった単語や、間違えやすい用語をまとめた復習用カードで、定着を促す。

新しい勉強はしない

無理に新しく覚えようとすると、積み重ねてきた知識が抜ける恐れがある。これでは無意味だ。

シミュレーションする

試験と同様の時間制限をつけて問題集に取り組む。時間の配分の仕方が体に刷り込まれる。

朝型にシフトチェンジ

試験はたいてい午前中から開始する。調子をベストに持っていくためにも、朝型に習慣づける。

ようし　もう
ひとふんばりだ！

POINT

試験当日の1ヶ月前からは、既存の知識を強化することのみに徹する。ひたすら復習に費やして!

試験の直前になると、どうしても気持ちが焦るものだ。そんなときに「そこを勉強していないのはまずいよ」などと周囲からプレッシャーをかけられると、つい新しい分野に手を出したくなる。

だが、惑わされてはいけない。学習計画が崩れるばかりか、せっかく覚えた知識すら、あやふやにしかねないのだ。

試験日1ヶ月前からは、予定外の勉強に手を出さないこと。とにかく復習に徹し、暗記できていない用語や、記憶が曖昧な文例などを叩き込む期間とする。

1ヶ月前は間違えやすい問題をリストアップした暗記専用のカードでひたすら復習する。これで今までの学習がものになる。

STEP 55

試験対策力〈語学編〉①

中学校の教科書で基礎力を強化する

中学教科書とTOEICの関係

英語は基本を押さえずして合格は望めない。

転職の際、企業が履歴書で評価するTOEICスコアの目安（外資系は除く）
＝
650点

◉TOEICリーディング問題の構成

～100点	▶ 中学1年生の語彙と文法事項
100～150点	▶ 中学2年生の語彙と文法事項
150～220点	▶ 中学3年生の語彙と文法事項

TOEIC® 公式ホームページより

⬇

中学の教科書をマスターすれば、リーディングで220点は確保できる！

たとえ中学時代に英語を得意科目にしていたとしても、社会人となって勉強から離れてしまった人が、ＴＯＥＩＣの試験を受けると、あまりの点数の低さに愕然とするものだ。これは当然、ブランクの長さに問題があり、基礎が抜けてしまった証といえる。

そんな人が再び英語学習に乗り出そうというのなら、中学校の教科書から勉強し直したい。

こうしたテキストは文例が豊富で、要点もわかりやすくまとまっている。また、応用より基本が充実しているため、基礎力をつけるのにうってつけだ。この3年間分の復習が点数を伸ばす鍵となる。

中学教科書での学習メリット

中学校の教科書には、市販の参考書や問題集とは違ったメリットも多い。

悪いな
突然教科書を
貸してくれなんて
言ってさ
いいけど
どうして
急に？
ちょっと
勉強し直そう
と思って
え？
おじさんには
無理だよ
アハハハハ

●自分の子どもや知り合いの子どもから借りるのも手だ。

例文がしぼられている

例文や構文が多すぎず、最低限にしぼられているため、覚える要素が少なくて済む。

応用より基礎が充実

もっとも基本的な表現や文法を中心とした構成であるため、基礎力だけが確実につく。

語彙が多すぎない

使用されている語彙の数が限られているため、難しい言葉につまずくことがない。

注意すべきポイントが明確

ポイントなどはカコミがついたり、色で注意を促すなど、視覚情報も多い。

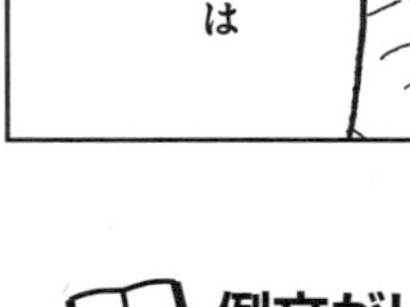

POINT

中学校の教科書は表現や言い回しがシンプルであるため、1パラグラフ15分程度で読める。スキマ時間学習に最適だよ。

STEP 56

試験対策〈語学編〉②

NHKラジオ講座は理想的な英語学習教材

TOEICの試験対策として、もっとも効果があるといわれる勉強法の一つが、NHKのラジオ講座である。内容のクオリティの高さに対し、使用するテキストは月380円（CD付は除く）と安価。

また、ラジオを聴きながら勉強する手軽さに加え、毎日放送があるため学習のリズムがつきやすく、習慣化もしやすい。さらに、毎日勉強を続けるだけでも一定の成果は見込めるが、それを録音して何度も繰り返して聴けば、一層、学習効果が高くなる。

だが、NHKの講座は、初級者用から上級者用まで種類が豊富なため、はじめはどれにすべきか迷ってしまうかもしれない。

そんなときは、放送を聴き比べ、聴きとれない箇所はあるものの、ついていけそうだと思う程度のレベルを選ぶ。そして、「これだ」と決めたら、そのテキスト1本にしぼって勉強すること。

また、NHKにはテレビの英会話番組もあるので、それを導入として使う手もある。

ただし、テレビだとビジュアルの助けがあるため、わかっていない部分も理解したつもりになる危険性がある。基礎が身についたあとはラジオに切り替え、学習に励んでほしい。

一口メモ

アルクのTOEICテスト対策シリーズも使える！

アルクのCD付TOEICテスト対策シリーズは、目標点数に合わせて選択でき、耳学習とテキスト学習を効率よく進められる。経済評論家の勝間和代氏も「730点コース」を利用して勉強したところ、本当に730点とれたという。

NHK講座を活用する５つのポイント

ラジオ講座での勉強をより効果的にするためのポイントは以下の５つだ。

①番組は1つにしぼる
1講座15分と短時間であるため、欲をかきがちだが、教材を増やしても、勉強の質が上がるわけではない。

②実力より少し上のレベルを選ぶ
すべて聴き取れてしまうレベルの番組は勉強にならない。少し難しい番組の方が、聴きとろうとする意欲も湧く。

③テキストは必ず購入する
ラジオを聴いているだけでは勉強の効果として今一つ。毎月テキストを購入してざっと目を通し、軽く予習しておくこと。

④聴き逃しは当日中に解消する
毎日放送がある分、1日聴き逃すと勉強量が蓄積してしまう。ラジオを聴けなかった日は、録音でその日中に勉強を済ませておく。

⑤録音して繰り返し復習する
録音した音源は大切な教材。移動中などにポータブルプレイヤーで繰り返し復習しておきたい。

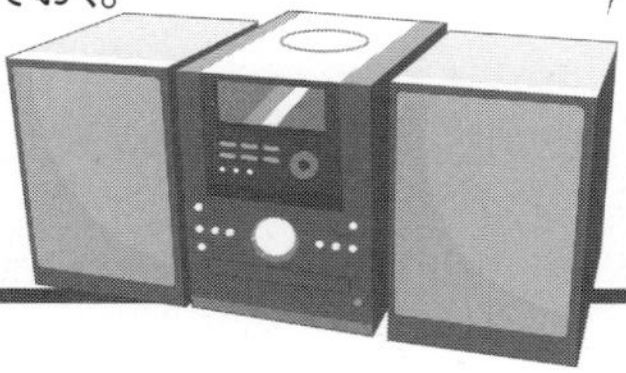

Hello, friends!
Let's join us!

STEP 57

試験対策〈語学編〉③

メル友、DVDなどで英語漬けになる

日常の中でも、楽しみながら補助的な学習を行なおう。

ディズニーのDVDを観る

ディズニー映画の声優は、発音がクリアで聴きとりやすい。美しく、正しいイントネーションが身につく。

カラオケで洋楽に挑戦する

「put it in」の発音が「プリリン」であるなど、英語には特有の連結発音がある。洋楽ならメロディと一緒に耳に残るため、覚えやすい。

スポーツバーに行く

NBAやNFLの放送をしているスポーツバーは、ネイティブの客も多い。自分の英語力を試す絶好のチャンスだ。

POINT

英語に触れる時間を意識的に増やすと、脳が英語モードに切り替わりやすくなるよ!

日常にやっておきたいサポート学習法

ネイティブのメル友を作る

携帯でのメル友がベスト。手軽な上、字数を少なくする必要があるため、シンプルな表現が身につく。ネイティブからのメールは保存しておきたい。

『ハリー・ポッター』を読む

原著で本を読むのなら、J. K. ローリングの『ハリー・ポッター』シリーズがオススメ。子ども向けに書かれているため、難解な表現が少ない。

英語を習得する近道として、英語漬けになることが挙げられる。そのためにオススメしたい勉強法は以下の通りだ。

まずは、ネイティブの友人を作り、メル友になる。メールなら気軽にやりとりができるし、伝えたいことを短文であらわす必要があるため、文章力がつく。やりとりしたメールのテキストをコピーしておけば、あとで文法や表現を勉強するお手本となる。

また、発音の美しいディズニーのDVDを観たり、お気に入りの翻訳本を原書で読むといった方法も使える。日本語訳である程度親しんでいると、意外と読めてしまうものだ。カラオケで英語の歌を歌うのも、耳を鍛えるのに役立つ。

STEP 58

試験対策〈語学編〉④

シャドーイングで聴く力・話す力を強化する

What was the matter with him.
（彼はいったいどうしちゃったんだろう）
What was the matter with him.
（彼はいったいどうしちゃったんだろう）

●耳で聴いて声に出す。発音の調整とともに記憶の定着も見込める。

スピーキングの力をつけたいときには、「シャドーイング」に挑戦してみるとよい。これはネイティブが話す音声を聴き、1〜2秒置いて輪唱《りんしょう》するように発音する学習法である。影（シャドー）のようにモデルの声を追いかけて繰り返すことから、シャドーイングと呼ばれる。

シャドーイングは常に同じ速さでついていく必要があるため、話す力と聴く力が同時に鍛えられる。英語のプロから初心者まで、広い範囲での勉強に役立つ。

とはいえ、慣れないうちは、なかなか思うようにいかないもの。自分が知っている単語や表現は比較的簡単に繰り返せたとしても、それ以外となると、戸惑ってしまう。

本来のシャドーイングは、文字を見ずに行なうものだが、慣れるまではテキスト付の音声を用意し、文字を目でたどりながら始めるとよい。文字をたどりながら繰り返し、最終的に音声のみに切り替えられるようにしたい。

シャドーイングのほかにも、聴いた英語を一文ずつ区切って真似るリピーティングという学習法を用いるのも手だ。こうしてネイティブが話すナチュラルな英語を真似ることで、発音や韻律《いんりつ》が正しく学習できるのである。

シャドーイングのやり方

シャドーイングは、TOEICで点数を稼ぐために必須の学習法だ。

STEP 1 ラジオやテレビでネイティブの音声を流す

ネイティブが話しているラジオなどを用意し、流す。音源はなんでもOK。文字情報がついているとなおよい。

Hello, friends.

STEP 2 モデルの音声に続いて発音する

ネイティブが話したら、1～2秒程度あとを追いかけるようにして言葉を発する。はじめは文字を読みながらでもOK。

Hello, friends.
Hello, friends.

一口メモ

「NHKBS1 ABCニュースシャワー」はシャドーイングに最適！

その日あった世界のニュースを、5分程度にまとめて放送する英語番組。同じ内容が形を変えて5回繰り返されるため、まさにシャドーイングのための教材といっても過言ではない。番組HPではスクリプトも配信している。

シャドーイングは、英語のリズムやイントネーションを覚えるのに役立つ勉強法よ。

STEP 59 1日10分のディクテーションにチャレンジ！

ディクテーションの流れ

「音声の書きとり」がディクテーションのすべてだ。

STEP 1
音声を区切りがよいところまで流す。

STEP 2
一度止めて聴こえた文章を書く。
パソコンで打ち込むのもOK。

STEP 3
巻き戻して書きとれなかった箇所をもう一度聴く。

STEP 4
音声を止めて書き出す。
再び最初から流し、チェック。

STEP 5
すべて書きとれていたら、
自分の書いた文章を音読する。

STEP5までを1セットにして繰り返す。

<ディクテーションのメリット>

①語彙が増える
書くことで単語一つ一つの綴りの確認ができるため、語彙力がアップしていく。

②文法に強くなる
単語を一つずつ単独で覚えるのではなく、構文の形で記憶しやすいため、文法に強くなる。

③集中力が増す
聴くことと書くことを同時にこなさなければならないため、自然と集中力が身につく。

④リスニングの力がつく
ネイティブの発音に慣れていくため、試験のリスニングにも対応しやすくなる。

ディクテーションに慣れるためのポイント

はじめはできなくて当たり前。以下のポイントで少しずつ慣れていこう。

カタカナでもOK

スペルと発音は、必ずしも一致しない。カタカナで書いて、正確な発音を覚えることから始める（初期のみ。慣れたら英語に）。

短い文章を繰り返す

長い文章は「なんとなく」でしか聴けない。はじめは短い文章でも「正確に聴く」ことが大切。反復学習をして覚える。

1日10分と時間を決める

ディクテーションは非常に高い集中力を要するため、長時間の学習は疲労が大きい。まずは10分程度と時間を設けて行なう。

よし　聞きとれた！

自分が理解できない部分が明確になるため、弱点を知るのにも役立つよ!

リスニングを弱点とする人は、「ディクテーション」にもチャレンジすべきだ。ディクテーションとは、書きとり練習のこと。ネイティブの音声を聴いて、文字に書き起こす作業だ。

この学習法の最大の目的は正確な発音を理解すること。もしも英単語で書くのが難しければ、はじめのうちは聴こえた通りにカタカナで書きとってもよい。

何度聴いても聴きとれないものは、反復して聴いて、耳と脳にその音を焼き付けるようにする。そのためにも、短い文章でもいいから、完璧に聴きとって書くように心がけるのがポイントだ。

高い集中力を要するため、最初は1日10分程度から始めたい。

STEP 60

試験対策〈語学編〉⑥

海外ニュースサイト「VOA」で学習する

「VOA」とは「Voice of America」の略で、米国政府が資金提供して、英語を母国語としていない人のために配信しているラジオ番組だ。パソコンのネット環境さえ整えれば、誰でも聴くことができる。

さまざまな言語のバージョンがあるが、英語版は正確で聴きとりやすいことが特徴だ。そしてTOEIC対策に役立つのが、ニュースサイトである。

「Special English（英語版）」は、基本使用語彙が1500語と、数がしぼられているため、常用外は登場しない。さらに、通常放送では毎分約150語であるところが100語程度と、かなりゆっくりとした発音であるため、リスニングの勉強を始めたばかりの人にも有効だ。

番組は30分で構成され、はじめの10分がニュースで、残り20分に日替わりの特集が流れる。ニュースは時事問題を扱っているだけに、経済用語などビジネスマン必須の語彙も知ることができる。

ポータブルプレイヤーにダウンロードもできるため、反復して勉強できるのも心強い。

インターネット上では、音声原稿つきの番組もあり、スクリプトの印刷も可能だ。わからない文法も、調べながら学習できる。

一口メモ

「VOA」とはどんなもの？

アメリカ政府運営の、短波ラジオ放送局。オンライン上でポータブルプレイヤーにダウンロードできる。ニュースはスクリプトも掲載されているため、文字情報を見ながらでも学習可能。

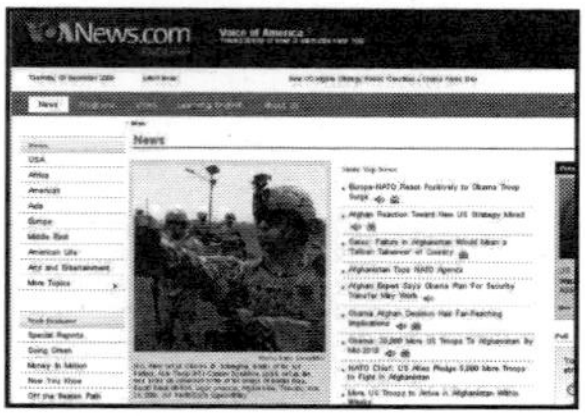

http://www1.voanews.com/english/news/

ネットで音源とスクリプトの両方が手に入るなんて楽でいいな
面倒くさがりの俺でも続けられそうだ

「VOA」を使った学習例

初心者向けの「VOA」を使った学習法は、以下のような流れで行ないたい。

<前提>「VOA Special English」を利用する。
基本使用語彙が1500にしぼられている上、発音もゆっくり。初心者に最適なプログラムだ。

STEP 1 全文を通しで聴き、聴きとれなかった単語を書き出す。

STEP 2 聴きとれなかった単語をスクリプトで調べてから、再び聴く。

STEP 3 もう一度スクリプトを見て、解決していない単語を調べる。

STEP 4 スクリプトを眺めながら、全文を通しで聴く。

STEP 5 スクリプトを見ないで、通しで聴く。わからない単語がなくなるまで、ステップを繰り返す。

POINT
「VOA Special English」が聴きとれるようになったら、リスニングの基礎力がついたと自信を持とう!

STEP 61

試験対策〈語学編〉⑦

文章イメージの保持はヴィジュアルが肝

リスニングを苦手とする理由

日本人は長文の記憶保持が苦手なのだ。

《日本語のニュースを聴く場合》

桜が満開です。

ニュースを耳にする。

↓

聴いた情報をもとに、無意識にイメージ化。

↓

イメージを保持したまま次の情報を聴いてデータを更新する。

《英語のニュースを聴く場合》

Cherry blossoms are full-bloomed.
Cherry blossoms＝桜
are＝です
full-bloomed.＝満開

ニュースを耳にする。

↓

①音声をもとに文章を分解。
②単語を拾う。
③文法と組み合わせる。
④英語の意味を考える。

↓

分析中に続きが流れるため、脳が追い付かなくなる。

↓

話の前後を組み合わせるために必要な「内容保持」こそが、長文リスニング攻略の鍵となる!

聴いた内容をどのように保持するか？

言語情報より記憶しやすい映像情報で保持しよう。

◉石井辰哉氏式「記憶保持力」強化学習法

① 2〜3行の簡単な英文の音源を用意する。

② 音源を流しながら頭の中で情景を映像化する。

③ 聴き終わったら映像情報を組み合わせ、記憶を書き出す。

Ⅱ

①〜③を繰り返し、文章をイメージ化して覚えることに慣れると、保持力もアップ。

はじめは、聴こえた単語を少しずつイラストに描き起こしてもOK。

●教材選びのポイントは、発音が鮮明で、ゆっくりと話すものであること。

ＴＯＥＩＣの試験で、日本人の多くがつまずくのが、リスニングの長文問題だ。

母国語と異なり、英文を耳にしたときの脳は、勉強した単語や構文を記憶の回路から引き出しながら意味を理解する作業に追われる。

しかしそのあいだも問題の放送は続いているため、その内容も保持しなくてはならない。

日本人はこの内容保持まで頭が回らないため、点数が稼げないのだ。そこで、英語の専門学校講師である石井《いしい》辰哉《たつや》氏は、音を正確に聴きとり、内容を理解したそばから頭の中で映像化するクセをつけることを勧めている。まずは流した音声を、紙にイラストとして描き起こしてみることだ。

STEP 62

単語集は3回形を変えて学習する

試験対策〈語学編〉⑧

参ったよ……
全然単語が
覚えられなくてさ
そのまま
単語帳を眺めてたって
ダメ
カードに
書き写しておけば
いつでも勉強できて
いいわよ

●単語は一度の学習では覚えられない。定着のためにも復習が大切だ。

英単語は、基本的に丸暗記という形で覚えるしかない。しかし、モダリティの項目で触れた通り、脳は同じ形で復習を続けると飽きてしまい、学習効果は下がる。だからこそ単調になりがちな単語暗記もひと工夫したい。

まず1回目は、英単語を日本語に訳す。2回目はその逆に、日本語訳を見て英単語に直す練習をする。そして3回目は英単語を見て、その使用法や例文を調べながら覚える。これでも頭に入らない単語は、カードに書き写し、スキマ時間に一つずつクリアしていく。

こうして変化をつけて復習することで、英単語はものにできる。

単語を脳に刷り込む方法

記憶定着のための反復学習も、脳を飽きさせないことで、より効果が増す。

STEP ① 英単語を和訳する

単語集をひと通り訳す。この段階では、知らない単語があることを見極めるだけでよい。覚えているものは×で消していく。

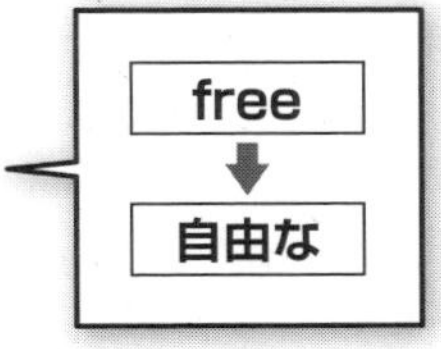
free
自由な

STEP ② 和訳を英単語に直す

自分で和訳した単語を英単語に直す。品詞を重点的に覚えると、文法力もつく。覚えているものは×で消す。

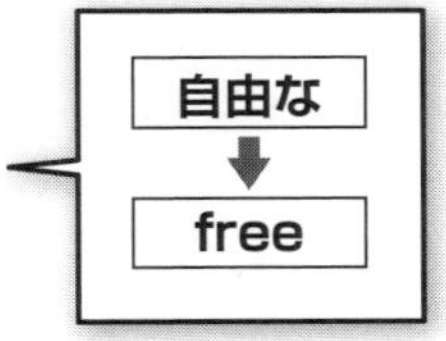
自由な
free

STEP ③ 使用法や例文を書く

単語を和訳しながら、例文も加えて覚える。文法力がさらにアップ。覚えているものは×で消す。

↓

この段階で×がつかなかったものがあれば STEP4 へ

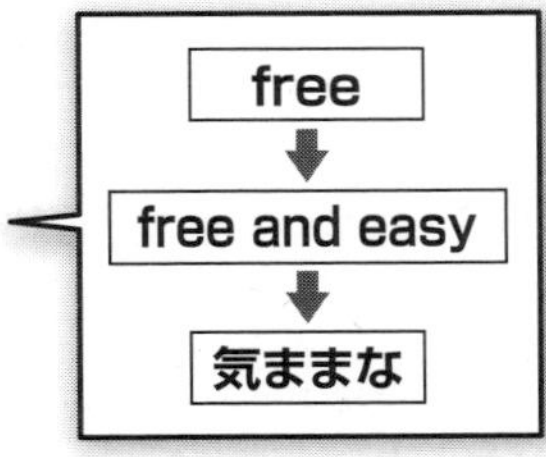
free
free and easy
気ままな

STEP ④ 単語カードを作成する

×でつぶせなかったものは、自分の弱点。自作の単語カードを作り、スキマ時間に反復学習する。

（→P26参照）

「free and easy」で「気ままな」
「free and easy」で「気ままな」…

POINT

単語は、市販の単語集ではなく英字新聞や参考書から書き出してもいいよ。

STEP 63

試験対策〈語学編〉⑨

スキミングとスキャニングで速読力を強化！

スキミングとスキャニングとは？

第１章（P33）で登場したスキャニング。これは英語の長文読解にも利用できる。

スキミング

日本語でいう「斜め読み」のこと。英語は、たいてい一つのパラグラフ（段落）の１文目にそのトピックスの要旨が書かれていることが多い。ここをチェック！

スキャニング

いわゆる「キーワード読み」のこと。「scanning」など、自分でキーワードを定めたら、文章を眺める。キーワードがひっかかった箇所の周辺のみしっかり読む。

飛ばして読めば
時間もかからないな

↓

英語の文章の構成をまずは知ること。

①はじめのワンセンテンスはたいてい要旨。
②つづいて具体的な話。
③最後に結論の記述。

が英語の文章の特徴だ。つまり①とキーワード周辺、そして③さえ押さえれば、すべて読まなくても理解できる！

スキミングとスキャニングで読み飛ばせ！

TOEICリーディング試験は時間との勝負。まずは読む力をつけること。

BAD CASE

頭からすべて訳していく

すべて読み終わる前に試験時間が終わる恐れがある。これはもっとも効率の悪いやり方。

GOOD CASE!

スキミングとスキャニングで読む

試験では、基本的に問題に関連する情報だけ得られればよい。読み飛ばせばその分解答時間が確保できる!

POINT

英語の長文を素早く読むコツを身につけ、全問解くための時間配分を算出しよう!

リーディング問題で求められるのは、正解率の高さよりも、文章をいかに素早く読解できるかという能力だ。うかうかしていると終了時刻となってしまうため、問題をじっくり読んでいる暇などない。

その意味で、日常的に素早く長文を読む訓練を積むというのは、効果的な学習法である。

『世界最速！「英語脳」の育て方』（講談社）の著者中野《なかの》健史《たけし》氏が勧める訓練が、英文のスキミングとスキャニング。ポイントが短くまとまった本文の要旨と、結論、そして問題と関連する単語をキーワードとして拾い、周辺部だけ読むのだ。この速読法が身につけば、長文の読みこなしもラクになる。

STEP 64

試験対策〈各種資格編〉①

参考書はできるだけ薄いものを選ぶ

開く気にも
なんないよ
参考書

●充実した参考書が自分にとって良書になるとは限らない。

目標となる資格試験が何であれ、はじめにやるべきことは過去問題集と参考書を買うことだ。じつはこの段階で、ミスを犯す人がいる。数ある参考書の中から、できるだけ中身が濃いものをと考えて、やたら分厚いものを買ってしまうケースだ。

分厚い専門書は、確かに厚みがあるだけ、内容は充実している。しかし、その分、現実の試験には不必要な詳細部までが書かれている場合が多い。

当然、初心者にとってはハードルが高すぎるため、読むのに苦痛を覚え、挫折してしまうのがオチ。

つまり、確実に使える参考書を手に入れたいのなら、薄いものを選ぶべきだ。少ないページの中に、基本や重要ポイントといった本当に必要な箇所のみが詰め込まれており、使い勝手がいい。

また、資格試験は、基本知識を問うものが出題の7割を占めるといわれ、あまりに深い知識は不要なものといってよい。

薄ければ携帯にも便利で、電車の中で開いたり、昼休みに15分だけといったスキマ時間の勉強もしやすい。

そして、焦点の定まった1冊を、繰り返しボロボロになるまで反復して勉強すること。これが正しい参考書の使い方だ。

参考書は情報量で選ばない！

内容が充実していればいるほど、初心者にとっては読みにくいだけだ。

参考書

参考書

◉薄い参考書

要点がまとまっている

ページ数に限りがあるため、重要なところのみが書かれ、無駄な要素がそぎ落とされている。

基礎が押さえられる

薄い冊子は、応用までページ数が回らないため、たいてい基礎のみが書かれている。初心者には十分。

短時間で読める

薄ければそれだけ読むのにかかる時間も少なくすむ。2回3回と繰り返し読んで知識を定着させよう。

携帯しやすい

邪魔にならないため、仕事用のカバンなどに入れて、スキマ学習に使える。

◉厚い参考書

ポイントがつかみにくい

基礎だけでなく応用編にとられるページ数も多いため、どこが重要なのかわかりにくい。

読みこなせない

専門的な内容も含まれているため、初心者にとっては読む作業だけでも疲れてしまう。

飽きがきやすい

疲れるほど読んでいるのに、理解できないため、途中で挫折してしまうことがある。

携帯に不便

重い冊子は荷物になる。必然的に書斎など限られた場所に置いておくため、反復学習がしづらい。

欲張ってたくさん
買い込んだけど
失敗した！

POINT

参考書は複数冊持つより、1冊をボロボロになるまで繰り返し勉強した方が学習効果が高い!

STEP 65

予備校の入門講座で助走をつける

試験対策〈各種資格編〉②

入門講座が助走となる

勉強にためらいを覚える人は、入門講座のみの受講が有効。

◉独学で試験に挑むA氏

何から始めればいいのかわからない!

問題集はどれを選べばいいんだ!?

ネットじゃ意見がバラバラで判断に困る!

↓

いざ勉強を始めようとしても、何から始めればいいのかわからず足踏み状態。

◉入門講座だけ受講したB氏

最低限知るべき内容がわかる。

テキストが手元に残るから、修了後も使えるな。

ベテラン講師から、ためになる話が聞けるぞ。

↓

学校に通うことで助走がつき、独学に切り替えたあとにも弾みがつく。

予備校選びをミスしないためのポイント

入門講座といえど、失敗しないためにも見学には必ず行くべきだ。

①無理なく通えるか?

自分の生活リズムにあった時間帯・場所を選ぶ。通うのを苦痛としないため、妥協してはいけない。

②受講生のタイプは?

教室に通う人がどんな層なのか、担当講師はどんな人間なのかといったスクールライフもチェックしておく。

③事務所の雰囲気は?

よい学校は、たいてい事務所の雰囲気もよいもの。見学の際、横柄な態度をとる事務員がいたら、除外すべきだ。

POINT

可能であれば、自分が希望している授業の見学もしておくと、なおいいよ!

独学で頑張ることを決意した人は、まずはじめに何をすべきかわからず、混乱するものだ。

参考書1冊を買うにしても、前項でお勧めした薄いタイプはいくつか種類があり、どれを選べばいいかわからない。ネットで攻略サイトなどを見ても、意見はたいてい割れていて、判断に困る。そんなとき、予備校が開いている入門講座を受講するのも一つの手だ。

ノウハウを持った学校が、はじめの一歩の踏み出し方を教えてくれる。その上、ベテランの講師から有用な情報を得られるのも、予備校ならではのメリットだ。

また、独学に切り替えたあとにもテキストは残るから、いくらでも基礎の反復学習ができる。

日経新聞とマネー誌で経済に強くなれ

一般紙と日経紙の違い

日経新聞とそのほかの新聞には顕著な違いがある。

一般紙
<読者層>
ビジネスマン、主婦、子どもからお年寄りまで。
<紙面の特徴>
生活に密接した社会問題を強調する紙面づくり。
こんな違いがあったのか！
<読者層>
キャリアウーマンやビジネスマン、企業の経営者。
<紙面の特徴>
経済効果や企業の狙いを分析・解説する紙面づくり。
日経紙

日経新聞を読めば、企業の経営理念や、経済の変動に敏感になる!

日経新聞を読むメリットっていったい何でしょうか？
教えていただけますか？
やはりビジネスマンがみんな読んでいることだろう
読まずにいると話に入っていけないからな

●営業先で恥をかかないためにも、社会人であれば読んでおきたい。

日経新聞を読みこなすためのステップ

はじめから全ページ読む必要はない！

●超ビギナー向け

☑ 日曜版を単発で買って読んでみる

いきなり定期購読を始めると、かなり負担に感じる。1週間のトピックスがまとまった日曜版を購入するのが第一段階だ。

☑ 「きょうのことば」で用語チェック

一面に取り上げられたトップニュースの中の専門用語の解説欄。スクラップすればオリジナルの用語集になる。

☑ すべては読まない

経済を知らない人は読んでも、ほとんど理解できないはずだ。見出しを見て、読めそうと思ったものだけ読んでみる。

●初心者向け

☑ 「回転いす」で企業研究をする

企業の経営者を取り上げる日経新聞で人気の記事。経営理念や経営者の未来のビジョンなどが読み取れる。

☑ 読んだ内容をアウトプットする

得た情報は、その日の取引先訪問などで口に出す。プレゼンの際の論拠に使うと、ビジネスの成功率も上がる。

☑ 4つの面に目を通す

メイン記事に慣れたら、経済面、国際面、企業面、マーケット総合面に挑戦。ここも読めるようになったら初心者卒業だ!

金融や経済に関わる勉強をするのなら、日経新聞の購読は必須だ。いや、正確にいうと、資格取得を目指す人はいうまでもなく、ビジネスマンであれば日経新聞は目を通すべき。

理由は「みんなが読んでいるから」である。営業で取引先に行き、開口一番、「今日の一面記事は……」と話の糸口に使われることは少なくない。読んでいないではレベルを疑われる。

難しくて読めないというのなら、日曜版の単発買いから始める。1週間のトピックスがまとめられ、入門者向きだ。その上でスキルアップを図るなら、経済誌の併読が望ましい。まずは特集に興味を抱いたものから、買って読んでほしい。

STEP 67

試験対策〈各種資格編〉④

会計学を身につけたいのなら家計簿をつける

はぁ？
車を
買い換える？
バカなこと
言わないでよ
え!?
あなた　もう
独身じゃないのよ
モノゴトを一方的に
決めないで!!
私に押し付けっぱなしで
全然家計がどうなっているのか
なんてわかっていないじゃない！
それで車を買い換えるなんて
よくも言えたものね！

●家計を妻にまかせきりにしているのは問題だ。

＜家計簿をつけるメリット＞

1. ローコスト&ハイリターン

テキストなどを特別に用意する必要がないのに、実践することで得るものは大きい。

2. 理解がしやすい

自分の家が課題となるため、仕組みを覚えようという意識が働く。結果、理解も深くなる。

3. コスト感覚が身につく

収支が具体的な数字としてあらわれるため、支出の調節など改善策も出しやすくなる。

ランチ、今日の
日替わり定食で
３５０円の支出っと……

会計に強くなるには複式簿記を覚える

家計簿に慣れたら、その家計簿を複式簿記でつけることに挑戦したい。

複式簿記とは、貸借対照表と損益計算書の双方から、損失と利益を算出し、ズレがないかチェックすることをいうよ。

◉貸借対照表と損益計算書の関係

勘定科目の5つの要素＝「資産・負債・収益・費用・資本」

費用	資産	
収益	資本	負債

費用＋資産
＝
収益＋資本＋負債

それぞれの算出法は……？

損益計算書（A） ➡

利益が出た場合

費用	利益
収益	

⇔ 損失が出た場合

費用	
収益	損失

貸借対照表（B） ➡

利益が出た場合

資産		
利益	資本	負債

＝
AとBの利益の金額が同額となる

損失が出た場合

資産	損失
資本	負債

＝
AとBの損失の金額が同額となる

とにかく何か会計系の資格取得を目指したいと思ったら、まず簿記3級を目指すのが常道だろう。

とはいっても、商業高校出身者ならいざ知らず、一般人にとって簿記というのは、じつにとっつきにくく感じるものだ。

そんな人は、家計簿をつけ、習慣化させることから始める。独身者・既婚者に限らず、自分の収入と支出をもらさず記録していくだけなので、難しいことはない。

支出はまず「貯蓄分」を引いた上で、家賃や光熱費、食費などの「固定費」、書籍購入や交際費などの「自己投資」、レジャーや衣服購入などの「その他」の3項目の形に分けると把握しやすい。慣れてきたら、複式簿記に変えてみよう。

STEP 68

試験対策〈各種資格編〉⑤

合格点を狙うなら苦手分野を捨てろ

お兄ちゃん 見て見て! 100点だったよ!
おっ やるな!
テスト
100

資格試験は合格スレスレも100点も価値は同じ

↕

学校のテストは点数の高さで優劣がつく

合格点がとれれば問題ない!

当日獲得すべき点数 ＝ 合格点＋忘却分＋緊張によるミス分

合格ラインの点数に＋α加えた点数がとれる勉強をすればよい。

たいていの資格試験の合格ラインは、70点程度に設定されている。そして、試験の結果が満点であっても70点であっても、合格に変わりはない。つまり合格することを目標としているのなら、満点でなく合格点を狙う勉強をすべきだ。

ポイントは、網羅しようとしないこと、そして苦手な分野は潔くあきらめることである。過去問を何冊かやれば、自分が不得意な分野も見えてくる。時間のロスをおさえるため、その分野は捨ててほかの分野を確実にものにした方がよい。目安としては、当日の緊張による減点を考慮し、80点がとれるレベルまで持っていきたい。

合格ラインにのせるための勉強法

ビジネスマンの勉強は、いかに効率よく進めるかが重要な要素となる。

①過去問を繰り返す
過去問題集は、出題される問題の傾向を知るのに最適。何度も繰り返し、解き方の手順を覚える。
②テスト慣れしておく
模試に積極的に参加し、雰囲気や時間配分の仕方を体にしみ込ませると、当日失敗が少なくなる。
③苦手分野は捨てる
何度覚えようとしても覚えられなければ、時間の無駄だ。一部であれば、見切りをつけるのも大事。

●スキマ時間の学習は忘却分というロスを減らすのにも有効だ。

いくら捨ててOKとはいえ、苦手分野が3割以上あるようでは少々問題。せめて2割以内におさえておきたいね。

STEP 69

試験対策〈各種資格編〉⑥

勉強はじめは過去問をとにかく「読む」

よし
今日から3周目だ
答えに頼らず
解いてみせるぞ！

資格試験の勉強で、何より力となるのが過去問題集だ。過去問はやればやっただけ、得点に繋がると考えてよい。

じつは本番の試験問題は、出題担当者が過去の問題を参考にしながら作成する。そのため、まったく同じ問題が出るとはいえないが、類似問題が並ぶのだ。

試験は、基礎知識を問う問題が7割と前述したが、あくまでその専門分野における基礎知識をどのくらい有しているかを試すもの。

あまりに専門性が高すぎる超難問は出題できないのだから、おのずと出題される内容も決まってくるというものである。

このように作成者が参考にしているものを、受験者が使わない手はない。はじめは知識もないため、解くことはできないだろうから、まずは開いて眺めてみる。解くのではなく「読む」のだ。

すると、試験がどのような構成になっているのかといった全体像や、どんな内容が問われるのか、どんなレベルが求められているのかといった傾向が、おぼろげにわかってくる。

その後は参考書と並行して過去問の勉強を続けていけば、正解に至るまでに求められる思考の仕方も見えてくるはずだ。過去問は、遡《さかのぼ》って5年分くらい試したい。

過去問は１冊につき５回解く

反復学習の効果の高さは、既に述べた通り。過去問題集もまた同じだ。

STEP 1

ひと通り眺める

はじめから解こうとしても、無理。解答と解説を眺めながら全体像を把握する程度でOK。

うーん
答えを見ながらでも
難しいな

STEP 2

ざっと解く

通しで解いてみる。わからないところは、悩んでいないで答えを見てしまう。

なんとなく
全体像が
見えてきたな
ブブッ
いい
調子だ

STEP 3

解答を見ずに解く

もう一度、はじめから解く。答えは見ないこと。間違えた箇所に○や×などの目印をつけておく。

STEP 4

目印のついた問題を解く

3で目印をつけたところだけを解く。また間違えたところがあれば、その横に再び目印をつける。

ここまで
来たら
もうほとんど
理解したも
同然だ―

STEP 5

2つ目印のある問題を解く

３と４で目印をつけた問題を解く。ここでできればパーフェクトにしておきたい。できない問題は捨ててもよい。

STEP 70

試験対策〈各種資格編〉⑦

模擬試験で本番への準備を整える

毎週のように行なわれる学習塾ほどではないが、資格試験のための模試というのも、かなりの頻度で開かれている。チャンスがあれば、何度でも、積極的に受けるようにしたい。模試も大切な勉強の一つとなるからだ。

ただし、点数や成績に一喜一憂してはいけない。模試は合否の確率を知るためではなく、本番に備えての訓練と考える。

模試の最大のメリットは、時間感覚が身につくことだ。たとえば、論述問題のある試験は、うかうかしているうちに、終了時間となる。そうならないように、どのくらいの時間配分で解答していけばいいのか知ることができる。

また、結果がどうあれ、終了後にもらえる解答と解説は、今後のテキストとして使える。自分の答案と照らし合わせ、どこを間違えたか、どこを理解していないかをチェック。するとここで、自分の弱点を知ることができるのだ。

こうして弱点がわかったら、勉強計画を修正する。理解が十分でなかった箇所に重点を置いたり、勘違いしていたところをもう一度確認するなど、根を詰めて復習すべき場所に時間を割くようにしたい。一度といわず、本番までに何度でも受けて、その都度修正をしていくことだ。

模試の点数では
一喜一憂しないこと
間違えた箇所を復習する
ことだけを考えよう

模擬試験はこう使え！

模試は、合格できるかどうかを見極めるためのものではない。

今の実力を知る

結果がどうであれ、自分の今現在の実力を測るのに役立つ。よくても悪くても、点数を気にしてはいけない。

時間の配分法を知る

本番の試験時間と同じ展開がされるため、何分でどのくらい解くべきなのかを体に覚えさせる機会と考える。

場慣れする

雰囲気にのまれ、本番になると実力を発揮できない人は少なくない。場に慣れるためにも模試は役に立つ。

解答をテキストに使う

たいてい、解答と解説が書かれた冊子が配られる。間違えた箇所は弱点とし、テキストとして利用しよう。

今日は模擬試験の日だ
自分の実力を試すチャンス

今まで精一杯やってきたのだから
あとは全力を尽くそう!!

さぁ 試験のスタートだ！
やるぞ！

COLUMN 4

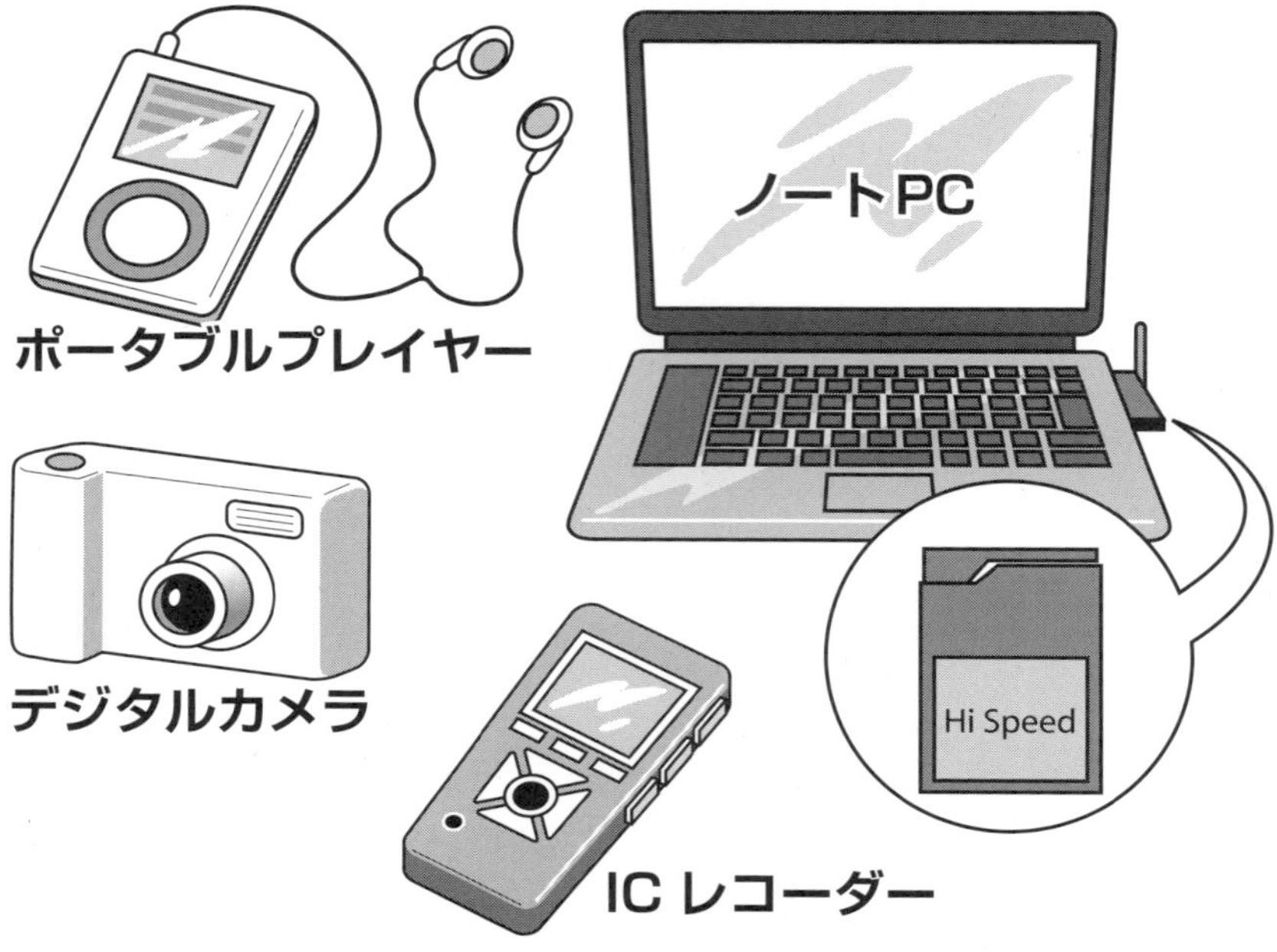

◇現代人にオススメの サポートツールを使いこなす

ひと昔前であれば、勉強道具といえば鉛筆と消しゴム、そしてノートといったところだ。しかし、デジタル技術が発達した現代では、勉強に活用できるサポートツールが数多くあるため、積極的に利用して、効率よく勉強したい。

たとえば、オーディオブックやＶＯＡ学習の項目で紹介したポータブルプレイヤー。これは耳学習のための強い味方となる。また、クリッピングサービスや論文検索、オンライン通信講座などで利用するためのノートＰＣも、現代では必須のアイテムといえる。

ほかにも、ちょっとしたメモを映像で残すためのデジタルカメラや、音声を保存するＩＣレコーダーなども役立つ。時間を知らせるタイマーも、どしどし活用すべきだ。

Chapter5

第５章
やる気を生み出す自己チューニング法

STEP 71 やる気を生み出す① 周囲に勉強の宣言をして協力をあおぐ

▶ 試験勉強は周囲の理解が必須

勉強は環境づくりも大切。周囲からの協力は取りつけたい。

BAD CASE 誰にも言わず1人で勉強

（今日は疲れたから　もういいや）

- 支援が得られない
- だらけても注意する人がいない
- 孤独感がある

↓

モチベーションダウン

GOOD CASE! 周囲に宣言して学習

（頑張るあなたにご褒美よ！）

- 協力が得られる
- よい意味で自分を追い込める
- 尊敬されることも

↓

モチベーションアップ

周囲への宣言はおおむねプラスに働く。
ただし職場への宣言は慎重に！

家族やパートナーと一緒に勉強する

応援してくれる人が周りにいたら、一緒に勉強するのも手だ。

◉恋人や夫婦なら

クイズ形式で問題を出題してもらう

学生が友だちと試験前の勉強として問題の出し合いをするように、パートナーに出題してもらう。

◉子どもなら

子ども向けの教養番組を一緒に見る

資格の勉強では難しいが、英語の番組は子ども向けも侮れないほど内容が充実。ぜひチェックしたい。

「義務教育の無償化」って「教科書代も無料」ってことだっけ？
ブーはずれよ 教科書代についての判例は書かれていないわ 「授業料を徴収しないこと」でしょ

●家族の理解は何よりも原動力になる。

周りの人を驚かせようと密かに勉強して資格をとろうとする人もいるが、勉強の効果という点では、周囲に堂々と宣言した方がモチベーションの維持に繋がる。たとえば、「私は○○の資格をとるために勉強しています！」と宣言すれば、後戻りができず、よい意味で自分を追い込むことができる。

また、宣言を聞いた相手が、勉強しやすい環境づくりに協力してくれることもある。とくに家族などの親しい人には、自分が目指すものや今後の人生設計などを積極的に口に出すべきだ。

ただし、仕事に身が入っていないといった言いがかりをつけられる場合もあるため、会社関係に知らせる場合は慎重にしたい。

STEP 72

やる気を生み出す②

「まず3日」続けて勉強を習慣化する

小さな目標を立てるメリット

大きな目標は達成しづらいため、挫折のもととなる。

1日目、2日目
ともにクリアっと……
我ながらいいペースだな
明日も頑張れば
ご褒美だ
何にしようかな

目標達成が原動力となる

三日坊主で勉強が長続きしない人は、小さいノルマを掲げ、達成感を味わうことから始めるとよい。

まずは「1日に2つ英単語を覚える」といった簡単な課題を3日続けてみる。そして、ノルマをクリアしたら、「缶ビールを1本」など小さなご褒美を自分に用意するのだ。こうして、3日をクリアできたら、また3日だけ続けて頑張る。これを何度か繰り返すと、自然に勉強の習慣が身につくはずだ。

これは、弁護士の高井《たかい》伸夫《のぶお》氏の提案している早起きを習慣化する方法を応用した勉強法だ。早起きも勉強も、「まず3日」から始めるのがポイントである。

三日坊主にならないための「まず3日」

飽きっぽい人ほど小さな目標のクリアがモチベーション維持に効果的だ。

◉目標：朝 30 分早く起きて始業前に本を読む

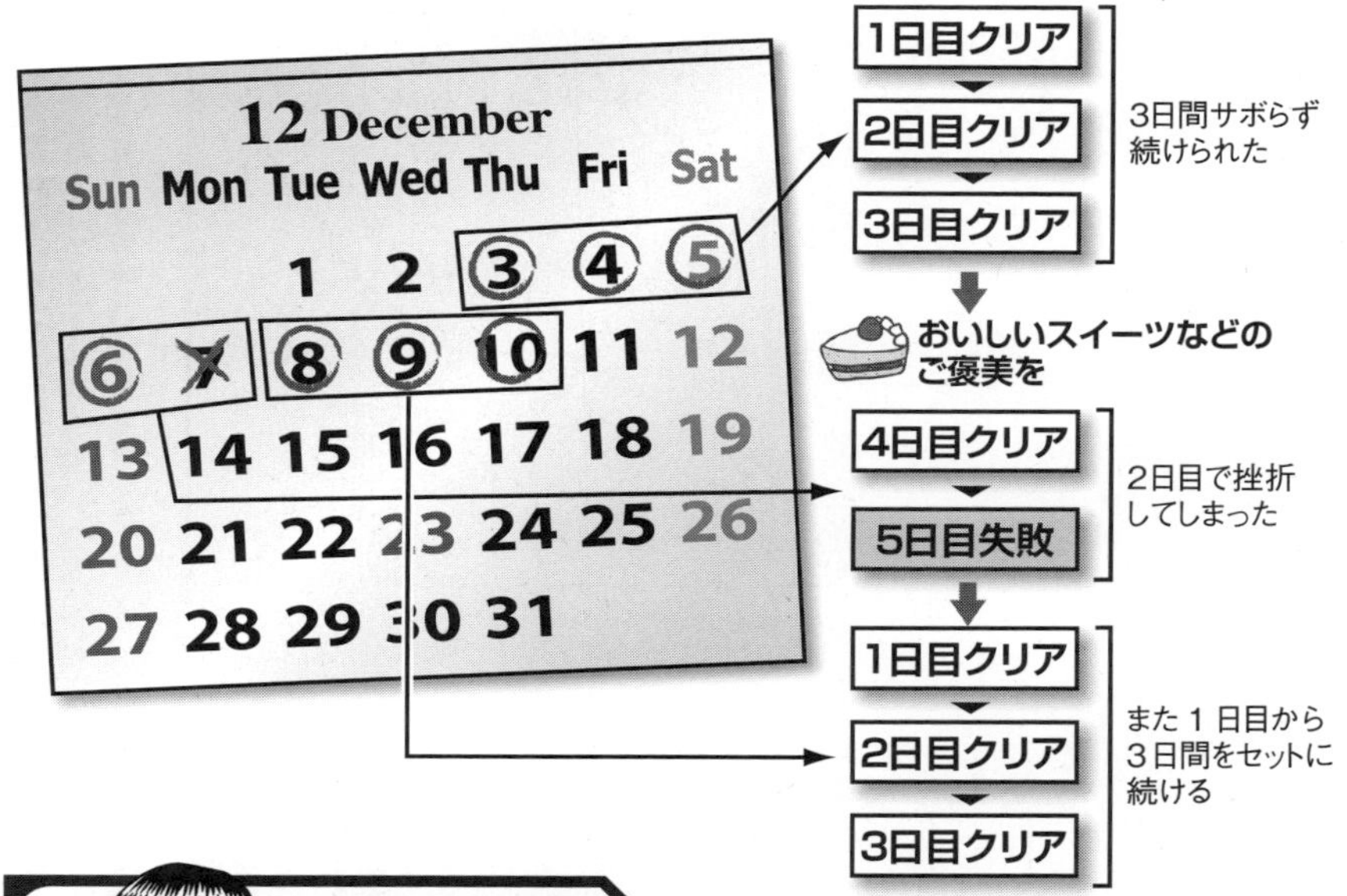
12 December
Sun Mon Tue Wed Thu Fri Sat
1 2 3 4 5
6 7 8 9 10 11 12
13 14 15 16 17 18 19
20 21 22 23 24 25 26
27 28 29 30 31
1日目クリア
2日目クリア
3日目クリア
3日間サボらず続けられた
おいしいスイーツなどのご褒美を
4日目クリア
5日目失敗
2日目で挫折してしまった
1日目クリア
2日目クリア
3日目クリア
また1日目から3日間をセットに続ける

POINT

「3日だけ頑張ろう」という比較的簡単な目標でも、達成できると、成功体験として記憶に残る。これがモチベーションアップに繋がるよ。

一口メモ

成功体験の効用

人は成功した記憶を、心地よいものとして認識すると、再びその快体験を得ようとする性質がある。また、成功体験が続くと自分に自信が持てるようになるのも、メリットの一つだ。

努力の結果は視覚化する

視覚化・数値化によるメリット

努力の結果を目に見える形にしないのは損をしている。

見てくれよ
もうここまでレベルが
上がってきているんだぞ
合格ラインまであと少しだ

視覚化しない	視覚化する
成果が実感できない どれだけ頑張ったか見られないため、実感しづらい。	**成果が実感できる** どれだけ頑張ったかはっきりするため、実感しやすい。
▼	▼
面白みが感じられない 成果が実感できないため、気分が上がらない。	**クリアすることが楽しくなる** 目標に近づく自分が感じられるため、達成感が湧く。
▼	▼
やる気が起きなくなる 面白みが感じられないため、意欲が減退していく。	**やる気が満ちてくる** 勉強が楽しくなるため、意欲も増していく。
メリット小	メリット大

自分が頑張った証拠は、モチベーションアップに繋がる!

カレンダーを使えば簡単に視覚化できる

オリジナルのグラフを用意してもよいが、手軽さでいえばカレンダーだ。

12 December
Sun Mon Tue Wed Thu Fri Sat
1 2 3 4 5
6 7 8 9 10 11 12
13 14 15 16 17 18 19
20 21 22 23 24 25 26
27 28 29 30 31
目標を達成できた日には◎をつける
目標を達成できなかった日には×をつける

◎が増える楽しみとともに、×は1日分ノルマが足りていないことが明確になるため、よいプレッシャーになる。

POINT

◎と × ではなく、自分の好きなキャラクターのシールを貼っていくのもいいね。カレンダーも手帳のものなど、自分が使いやすいものを使おう。

勉強の習慣がついても、努力した成果が目に見えなければ、不安になる。これを払拭するためにも成果は視覚化すべきである。

たとえば、表を作り、達成したマス目から順番に塗りつぶしていく。そうやって、努力の成果がはっきりすれば、自分がゴールへ進んでいく姿が見て取れ、モチベーションは格段にアップするのだ。

このやる気維持法は、ダイエットによく使われる。半年で5キロ減らすという目標を掲げた場合、途方もない道のりに思えるが、1日500グラムでも減った量が記録されれば、励みとなる。グラフを作るのが面倒であれば、手持ちのカレンダーに◎や×をつけていくだけでも十分である。

STEP 74

やる気を生み出す④

ご褒美デーは勉強を片づけてから遊ぶ

●ご褒美の日は家族サービスの日にもしたい。

人間は誰しも報酬があると目標を達成しやすくなる。途中で行き詰まっても、「ここを乗り切ればご褒美が待っている!」と思えば、多少の無理はきくものだ。これは、勉強もまた同じ。モチベーション維持のためにも、一定期間ノルマを達成できたら、自分のために報酬を用意しておくとよい。

報酬の例としては、ご褒美デーの設定をお勧めする。たとえば、2週間目標を続けてクリアしたら、その翌日はご褒美デーにして、自分がやりたかったことをする。

ドライブをしたり、映画に行ったり、釣りに行ったり、レストラン巡りをしたりと、半日程度は自分の好きなことをして、思いっきり羽を伸ばす。このようにお楽しみの時間が待っているとわかっていれば、日頃の勉強にも一段と身が入るに違いない。ご褒美デーは次の勉強に向けた大切なリフレッシュデーでもあるのだ。

ただし注意すべきは羽を伸ばしすぎないこと。1日中遊び呆けるのはNGだ。身についた勉強習慣が抜けてしまっては意味がない。

そうならないためにも、最低限のノルマは午前中に終わらせておく。外出前に片づけてしまえば、帰宅時間を気にして心から楽しめなかった、というような失敗もなくなる。

●勉強のモチベーションを保つためには、息抜きの日も必要。しかし、羽の伸ばしすぎは禁物だ。

BAD CASE

1日中遊んで帰宅し、最低限のノルマも果たせなかった

↓

習慣が崩れ、翌日以降もサボってしまう可能性大!

ご褒美の日もノルマはこなす

ご褒美の日のノルマはいつ終わらせるのが適切か？

帰宅後に勉強を始める

帰宅後にノルマが待っていると思うと、心から楽しめない。また、帰宅後疲れきって何もしないで寝てしまう危険性もある。

出発前に勉強を終わらせる

朝は脳の働きが活発な時間。だからこそ午前中に終わらせておく。ノルマを果たせば、残りの半日は思いきり遊べる。

POINT

ご褒美の日は、早起きをして、出発前の午前中にその日分の勉強をクリアしておく!

STEP 75

スクールやセミナーに通う①

自分に甘い人は独学に向かない

スクールか？ 独学か？

資格への挑戦は独学でも可能。どのように選べばよいのか？

◉スクールの場合

メリット

- **仲間ができる**
  同じ目標を持つ仲間ができると、互いに切磋琢磨できる。
- **エキスパートに出会える**
  ベテランの講師など、合格へ導くプロの知り合いができる。
- **ペースメーカーになる**
  今後の勉強の水先案内役となる。計画性のない人には心強い。

デメリット

- **コストがかかる**
- **拘束時間が長い**

どちらも一長一短

◉独学の場合

メリット

- **学習時間が自由**
  自分の好きな時間に勉強ができるため、時間がとりやすい。
- **コストがかからない**
  問題集や参考書といった教材費など、最低限の出費でおさまる。
- **場所が限定されない**
  学校まで通う必要がなく、好きな場所で勉強できる。

デメリット

- **怠けグセが出る**
- **孤独**

「自己投資にかかった費用」を視覚化する

自分に甘い人や計画性がない人は、コストで縛りを作るのも手だ。

《月4回3ヶ月で15万円のコースを受講した場合》

$$1回の授業料 = \frac{15(万円)}{4(回) \times 3(ヶ月)} = 12{,}500円$$

※コストをほかの物品に置き換えて考えると……

¥10,000 ¥1,000 ¥1,000 ¥500 =

高級フレンチのコース　シルバーのリング　自転車

同等の価値のものを想像すれば、もとをとろうと必死になれる

POINT

単価計算で物品と比較する方法のほか、支払い済みの領収書を目につく場所に貼るのも効果的!

予備校などのスクールに通うか、それとも独学で勉強するかは、その人自身のライフスタイルによって選択すべきである。ただし、自分に甘い人や、挫折しやすい人はスクール向きだろう。

というのも、独学だと勉強時間が自由になる。そのため、休んだり集中したりと、日によって学習内容にバラつきが出やすく、リズムがつけづらい。

その点スクールであれば、受講日に合わせて予習復習の時間の割り振りができる。つまり、学習計画が立てやすいのだ。

また、高い受講料の存在も、よい意味での縛りとなる。高額の投資に対し、もとをとろうと必死になれるはずだ。

STEP 76

スクールやセミナーに通う②

ライバルを作り競争心をかきたてろ!

ライバルの存在が底力を引き出す

競争心はやる気を生む。尊敬し合える相手を見つけたい。

スタート
ライバル
なにくそ!
自分
負けるか!

互いに切磋琢磨し合うことで、実力以上の力が引き出せる!

お互い全力を尽くそう

積極的に討論する

ライバルとの討論会は自分へのメリットが多くある。積極的に開催したい。

<モチベーションアップのためのディベートのやり方>

①ディベートのテーマを決める
「資産運用には何が有効か」など、討論のテーマを決める。

②研究期間を定める
締め切り日として討論をする日を決め、テーマについて研究する。

③研究結果を発表する
自分なりに出した結論と理由を披露し合う。

④互いに意見し合う
発表した内容について互いに意見を言い合う。

POINT

仲間と慣れ合うことが必ずしもよいとは限らない。ときには戦うことも重要だよ。

目指すところがあって勉強しているはずなのに、どうしても意欲が落ちてくる瞬間がある。

その状況を乗り越える手段の一つとして、同じ資格なり試験なりを目指すライバルを作るとよい。

まず、「一緒に頑張ろう」と思える相手を見つける。そしてあるテーマについて議論したり、互いの進捗状況を教え合うといった機会を設けると、刺激になり、励みとなる。さらに相手に対しての競争心は、「負けてたまるか」という強い気持ちを芽生えさせる。それが勉強への熱意をかきたて、モチベーションを上げるのだ。

先を行かれて落ち込むこともあるだろうが、「逆転してやる」というくらいの意気込みを持つべきだ。

STEP 77

勉強カフェを学習部屋にする

学習の拠点をどこに据えるか？

独学での勉強の際、勉強スペースの選択もポイントとなる。

自宅の書斎

くつろいで勉強できるが、テレビなどの誘惑が多く、だらけてしまいがち。

喫茶店やカフェ

スキマ時間の学習にはぴったりだが、長時間は店員の目もあり、集中しづらい。

図書館

資料を探しながら勉強できるが、閉館時間など時間の制約があるのがマイナス。

有料自習室

確実に勉強できる状態になるが、静かさが逆に集中力を欠かせることもある。

自分のライフスタイルと照らし合わせながら選ぶのがベスト！

独学というのは、かなり強い意志がないと続けられないもの。こうしたとき、スクールほど時間に縛りがなく、コストを抑えながらも、共通意識を持つ仲間やアドバイザーのいる場所があれば、と願望を抱く人もいるだろう。

そんな夢のような場所が、勉強カフェである。現在、東京・表参道の1箇所に限られるが、図書館や有料自習室のような堅苦しさがなく、勉強の合間にコーヒーなどを飲みながら、同じように学習意欲に燃える人たちと語り合うことができる。「学びたい」という共通意識のある仲間に出会える大人の勉強空間としてオススメしたい。

勉強カフェで“勉友《ベントモ》”を作る

大人のための学習スペースとして人気の勉強カフェにはメリットが多い。

今日も　これから
勉強カフェだ
先輩
スゴいですね
僕も見習わなきゃ

メリット		
	①“勉友”ができる	目標はさまざまでも、高いモチベーションを持つ勉強仲間ができる。
	②適度な騒音がある	「話す」行為が咎められないため、適度なざわめきが集中力を高める。
	③カウンセリングあり	スタッフが勉強についての相談に乗り、的確なアドバイスをくれる。

一口メモ

勉強カフェ「BOOKMARKS TOKYO」

２００８年、東京・表参道にできた大人のための勉強スペース。仲間と語らい、飲食も自由にとりながら勉強に励むことができる。利用頻度により、月額料金も変化する。1,980円〜。http://benkyo-cafe.net/

参考文献

『TOEICテスト実践勉強法　「石井式メソッド」で学習効率がみるみる高まる』石井辰哉、『仕事・勉強・人生すべてが劇的に変わる！　奇跡のノート術』長崎快宏、『忙しい人の即効！勉強術　最短・最速・最強のテクニック』『忙しい人でもムリなくできる！　仕事ができて夢もかなう勉強の法則』臼井由妃、『「平成の資格王」が教える　大人のための最短・最速勉強法』中村一樹、『朝刊10分の音読で「脳力」が育つ　脳科学の最先端研究が明かす驚異の事実』川島隆太、『不可能を可能にする最強の勉強法〈究極の鉄則編〉』吉田たかよし、『速く、楽しく、勉強を続けるテクニック　図解　大人のスキマ時間勉強法』和田秀樹、『脳を活かす勉強法　奇跡の「強化学習」』茂木健一郎（以上、PHP研究所）／『仮説思考　BCG流問題発見・解決の発想法』内田和成、『最速で身につく＆稼ぎにつながる　プロの学び力』清水久三子（以上、東洋経済新報社）／『図解　百戦百勝のメモ術・ノート術　仕事、年収、昇格…人生は「書きグセ」で決まる！』本田尚也、『通勤電車で寝てはいけない！　通勤電車と成功の不思議な法則』久恒啓一（以上、三笠書房）／『できる人の資格勉強法』佐藤孝幸、『毎日が楽しくなる　本気ではじめる大人の勉強法』西山昭彦、『短時間で成果をあげる　できる人の勉強法』安河内哲也（以上、中経出版）／『レバレッジ勉強法　仕事に役立ち、継続的なリターンを得る』本田直之（大和書房）／『並列化・時系列化・二次元化で使いこなせる　戦略フレームワークの思考法』手塚貞治、『投資効率を100倍高める　ビジネス選書＆読書術』藤井孝一（以上、日本実業出版社）／『ポケット図解　グーグルの活用法がわかる本　グーグルの秘密を解き明かす！』荒木早苗、『ビジネス・スキルズベーシック〈7〉情報整理術』藤原毅芳【監修】大谷更生【著】（以上、秀和システム）／『池上彰の新聞勉強術』池上彰、『効率が10倍アップする新・知的生産術　自分をグーグル化する方法』勝間和代（以上、ダイヤモンド社）／『仕事頭がよくなるアウトプット勉強法』増永寛之、『ポケットブック　夢をかなえる勉強法』伊藤真（以上、サンマーク出版）／『仕事ができる人の読書術』藤野紘（河出書房新社）／『1回5分の勉強法！　ユダヤ人に学ぶ速学術』濱野成秋（グラフ社）／『三色ボールペン情報活用術』齋藤孝（角川書店）／『遊びも付き合いもやめない勉強法　仕事の成果を出す70の方法』古川裕倫（こう書房）／『上級の勉強術　なるほど、こんな方法があったのか』深川太郎（明日香出版社）／『頭がいい人の一日15分勉強法』本郷陽二（経済界）／『働きながら2年で！　司法書士　最短合格の時間術・勉強術』水時功二（インデックス・コミュニケーションズ）／『フツーのサラリーマンから年収20倍！　人と競わない勉強法』舛井一仁（青春出版社）／『情報は1冊のノートにまとめなさい　100円でつくる万能「情報整理ノート」』奥野宣之（ナナ・コーポレート・コミュニケーション）／『頭がよくなる「仮説力」のススメ』和田秀樹（アスコム）／『すごい！メモ術　ここで差がつく「仕事の達人」15人の“ワザ”を盗め！』中島孝志（実業之日本社）／『できる人の実践ロジカルシンキング』日経ビジネスアソシエ【編】（日経BP社）／『最小の時間で最大の成果を得る　1日15分勉強法』宮崎伸治（ビジネス社）／『NHKの英語講座をフル活用した簡単上達法』川本佐奈恵（祥伝社）／『英語力を上げる実践勉強法』石井辰哉（ベレ出版）／『世界最速！「英語脳」の育て方　日本語からはじめる僕の英語独習法』中野健史（講談社）／『無理なく続けられる　年収10倍アップ勉強法』勝間和代（ディスカヴァー・トゥエンティワン）／『「1日30分」を続けなさい！　人生勝利の勉強法55』古市幸雄（マガジンハウス）

北橋隆史（きたばし　たかふみ）

大学卒業後、おもに書籍の編集・執筆に携わる。その範囲は、心理、マネー、科学、ビジネスと幅広い。ここ数年ビジネス分野においては、日々の取材をとおしてビジネススキルを磨く手法や自己啓発法を、わかりやすく紹介している。

装幀　石川直美（カメガイ デザイン オフィス）
装画　弘兼憲史
本文マンガ　ワタナベダイスケ
本文イラスト　神林光二
本文デザイン　パノラマ・デザイン　片上健一
編集協力　ロム・インターナショナル
編集　鈴木恵美（幻冬舎）

知識ゼロからの勉強術

2010年8月5日　第1刷発行

著　者　北橋隆史
発行人　見城　徹
編集人　福島広司

発行所　株式会社 幻冬舎
〒151-0051　東京都渋谷区千駄ヶ谷4-9-7
電話　03-5411-6211（編集）　03-5411-6222（営業）
振替　00120-8-767643
印刷・製本所　株式会社 光邦

検印廃止

ISBN978-4-344-90181-0 C2095
Printed in Japan
幻冬舎ホームページアドレス　http://www.gentosha.co.jp/
この本に関するご意見・ご感想をメールでお寄せいただく場合は、comment@gentosha.co.jpまで。